U0755075

杭州优秀传统文化丛书

Hangzhou Youxiu Chuantong Wenhua Congshu

烟雨塔影

罗　鸿————著

杭州出版社

图书在版编目（CIP）数据

烟雨塔影 / 罗鸿著 . –– 杭州：杭州出版社，
2023.6
　　（杭州优秀传统文化丛书）
　　ISBN 978-7-5565-1704-6

　　Ⅰ . ①烟… Ⅱ . ①罗… Ⅲ . ①古塔—介绍—杭州
Ⅳ . ① K928.75

中国版本图书馆 CIP 数据核字（2021）第 278468 号

Yanyu Taying

烟雨塔影

罗　鸿　著

责任编辑	俞倩楠
装帧设计	章雨洁
美术编辑	祁睿一
责任印务	姚　霖
出版发行	杭州出版社（杭州市西湖文化广场32号6楼）
	电话：0571-87997719　邮编：310014
	网址：www.hzcbs.com
排　　版	浙江时代出版服务有限公司
印　　刷	杭州日报报业集团盛元印务有限公司
经　　销	新华书店
开　　本	710 mm × 1000 mm　1/16
印　　张	16.25
字　　数	200千
版 印 次	2023年6月第1版　2023年6月第1次印刷
书　　号	ISBN 978-7-5565-1704-6
定　　价	58.00元

序 言

文化是城市最高和最终的价值

我们所居住的城市，不仅是人类文明的成果，也是人们日常生活的家园。各个时期的文化遗产像一部部史书，记录着城市的沧桑岁月。唯有保留下这些具有特殊意义的文化遗产，才能使我们今后的文化创造具有不间断的基础支撑，也才能使我们今天和未来的生活更美好。

对于中华文明的认知，我们还处在一个不断提升认识的过程中。

过去，人们把中华文化理解成"黄河文化""黄土地文化"。随着考古新发现和学界对中华文明起源研究的深入，人们发现，除了黄河文化之外，长江文化也是中华文化的重要源头。杭州是中国七大古都之一，也是七大古都中最南方的历史文化名城。杭州历时四年，出版一套"杭州优秀传统文化丛书"，挖掘和传播位于长江流域、中国最南方的古都文化经典，这是弘扬中华优秀传统文化的善举。通过图书这一载体，人们能够静静地品味古代流传下来的丰富文化，完善自己对山水、遗迹、书画、辞章、工艺、风俗、名人等文化类型的认知。读过相关的书后，再走进博物馆或观赏文化景观，看到的历史遗存，将是另一番面貌。

过去一直有人在质疑，中国只有三千年文明，何谈五千年文明史？事实上，我们的考古学家和历史学者一直在努力，不断发掘的有如满天星斗般的考古成果，实证了五千年文明。从东北的辽河流域到黄河、长江流域，特别是杭州良渚古城遗址以距今5300—4300年的历史，以夯土高台、合围城墙以及规模宏大的水利工程等史前遗迹的发现，系统实证了古国的概念和文明的诞生，使世人确信：这里是古代国家的起源，是重要的文明发祥地。我以前从来不发微博，发的第一篇微博，就是关于良渚古城遗址的内容，喜获很高的关注度。

我一直关注各地对文化遗产的保护情况。第一次去良渚遗址时，当时正在开展考古遗址保护规划的制订，遇到的最大难题是遗址区域内有很多乡镇企业和临时建筑，环境保护问题十分突出。后来再去良渚遗址，让我感到一次次震撼：那些"压"在遗址上面的单位和建筑物相继被迁移和清理，良渚遗址成为一座国家级考古遗址公园，成为让参观者流连忘返的地方，把深埋在地下的考古遗址用生动形象的"语言"展示出来，成为让普通观众能够看懂、让青少年学生也能喜欢上的中华文明圣地。当年杭州提出西湖申报世界文化遗产时，我认为这是一项需要付出极大努力才能完成的任务。西湖位于蓬勃发展的大城市核心区域，西湖的特色是"三面云山一面城"，三面云山内不能出现任何侵害西湖文化景观的新建筑，做得到吗？十年申遗路，杭州市付出了极大的努力，今天无论是漫步苏堤、白堤，还是荡舟西湖里，都看不到任何一座不和谐的建筑，杭州做到了，西湖成功了。伴随着西湖申报世界文化遗产，杭州城市发展也坚定不移地从"西湖时代"迈向了"钱塘江时代"，气势磅礴地建起了杭州新城。

从文化景观到历史街区，从文物古迹到地方民居，众多文化遗产都是形成一座城市记忆的历史物证，也是一座城市文化价值的体现。杭州为了把地方传统文化这个大概念，变成一个社会民众易于掌握的清晰认识，将这套丛书概括为城史文化、山水文化、遗迹文化、辞章文化、艺术文化、工艺文化、风俗文化、起居文化、名人文化和思想文化十个系列。尽管这种概括还有可以探讨的地方，但也可以看作是一种务实之举，使市民百姓对地域文化的理解，有一个清晰完整、好读好记的载体。

传统文化和文化传统不是一个概念。传统文化背后蕴含的那些精神价值，才是文化传统。文化传统需要经过学者的研究提炼，将具有传承意义的传统文化提炼成文化传统。杭州与丛书作者在创作方面作了种种古为今用、古今观照的探讨交流，还专门增加了"思想文化系列"，从杭州古代的商业理念、中医思想、教育观念、科技精神等方面，集中挖掘提炼产生于杭州古城历史中灵魂性的文化精粹。这样的安排，是对传统文化内容把握和传播方式的理性思考。

继承传统文化，有一个继承什么和怎样继承的问题。传统文化是百年乃至千年以前的历史遗存，这些遗存的价值，有的已经被现代社会抛弃，也有的需要在新的历史条件下适当转化，唯有把传统文化中这些永恒的基本价值继承下来，才能构成当代社会的文化基石和精神营养。这套丛书定位在"优秀传统文化"上，显然是注意到了这个问题的重要性。在尊重作者写作风格、梳理和讲好"杭州故事"的同时，通过系列专家组、文艺评论组、综合评审组和编辑部、编委会多层面研读，和作者虚心交流，努力去粗取精，古为今用，这种对文化建设工作的敬畏和温情，值得推崇。

人民群众才是传统文化的真正主人。百年以来，中华传统文化受到过几次大的冲击。弘扬优秀传统文化，需要文化人士投身其中，但唯有让大众乐于接受传统文化，文化人士的所有努力才有最终价值。有人说我爱讲"段子"，其实我是在讲故事，希望用生动的语言争取听众。今天我们更重要的使命，是把历史文化前世今生的故事讲给大家听，告诉人们古代文化与现实生活的关系。这套丛书为了达到"轻阅读、易传播"的效果，一改以文史专家为主作为写作团队的习惯做法，邀请省内外作家担任主创团队，组织文史专家、文艺评论家协助把关建言，用历史故事带出传统文化，以细腻的对话和情节蕴含文化传统，辅以音视频等其他传播方式，不失为让传统文化走进千家万户的有益尝试。

中华文化是建立于不同区域文化特质基础之上的。作为中国的文化古都，杭州文化传统中有很多中华文化的典型特征，例如，中国人的自然观主张"天人合一"，相信"人与天地万物为一体"。在古代杭州老百姓的认知里，由于生活在自然天成的山水美景中，由于风调雨顺带来了富庶江南，勤于劳作又使杭州人得以"有闲"，人们较早对自然生态有了独特的敬畏和珍爱的态度。他们爱惜自然之力，善于农作物轮作，注意让生产资料休养生息；珍惜生态之力，精于探索自然天成的生活方式，在烹饪、茶饮、中医、养生等方面做到了天人相通；怜惜劳作之力，长于边劳动，边休闲娱乐和进行民俗、艺术创作，做到生产和生活的和谐统一。如果说"天人合一"是古代思想家们的哲学信仰，那么"亲近山水，讲求品赏"，应该是古代杭州人的生动实践，并成为影响后世的生活理念。

再如，中华文化的另一个特点是不远征、不排外，这体现了它的包容性。儒学对佛学的包容态度也说明了这一点，对来自远方的思想能够宽容接纳。在我们国家的东西南北甚至是偏远地区，老百姓的好客和包容也司空见惯，对异风异俗有一种欣赏的态度。杭州自古以来气候温润、山水秀美的自然条件，以及交通便利、商贾云集的经济优势，使其成为一个人口流动频繁的城市。历史上经历的"永嘉之乱，衣冠南渡"，"安史之乱，流民南移"，特别是"靖康之变，宋廷南迁"，这三次北方人口大迁移，使杭州人对外来文化的包容度较高。自古以来，吴越文化、南宋文化和北方移民文化的浸润，特别是唐宋以后各地商人、各大商帮在杭州的聚集和活动，给杭州商业文化的发展提供了丰富营养，使杭州人既留恋杭州的好山好水，又能用一种相对超脱的眼光，关注和包容家乡之外的社会万象。这种古都文化，也代表了中华文化的包容性特征。

城市文化保护与城市对外开放并不矛盾，反而相辅相成。古今中外的城市，凡是能够吸引人们关注的，都得益于与其他文化的碰撞和交流。现代城市要在对外交往的发展中，进行长期和持久的文化再造，并在再造中创造新的文化。杭州这套丛书，在尽数杭州各色传统文化经典时，有心安排了"古代杭州与国内城市的交往""古代杭州和国外城市的交往"两个选题，一个自古开放的城市形象，就在其中。

　　"杭州优秀传统文化丛书"团队在传统和现代的结合上，想了很多办法，做了很多努力。传统文化丛书要得到广大读者接受，不是件简单的事。我们已经走在现代化的路上，传统和现代的融合，不容易做好，需要扎扎实实地做，也需要非凡的创造力。因为，文化是城市功能的最高价值，也是城市功能的最终价值。从"功能城市"走向"文化城市"，就是这种质的飞跃的核心理念与终极目标。

2020 年 9 月

（单霁翔，中国文物学会会长）

湖山佳趣（局部）

目　录

第一辑

舍利塔与经幢

002　许询舍宅建寺庙，萧詧续缘修方塔

010　神尼深情育天子，文帝执着兴佛法

018　龙兴寺屡毁屡建，唐经幢金光依然

029　湖上风光说灵隐，理公塔下怀慧理

034　白云深处矗宝塔，万善同归忆禅师

041　白塔岭上结翠微，迁客诗人曾未归

051　高丽王子求佛法，转轮藏塔存经文

058　天爱禅心圆且洁，故添明月伴清光

064　蜜山水空石罅中，和尚协作兴佛风

第二辑

纪念塔

072　功臣山顶功臣塔，百世流芳吴越王

079　古蔓壁间侵塔影，香泉石底度花阴

085　桐君塔影中流见，仲淹教子几度闻

091 三潭石塔止菱荡，通守钱塘记大苏

101 十方禅寺化尘埃，普庆石塔耀古今

106 福缘造塔佑航船，百姓改名念德善

112 花明柳暗一幽村，七层琅琯壮乾坤

119 知恩少年寻乾贞，龙耳山麓矗高塔

130 杭公彪炳千秋史，河渚云开八面风

138 一曲冤歌唱百年，墓塔遗恨说青天

第三辑

祈福塔

148 王子筑塔愈沉疴，狮山百姓共安乐

155 延爽筑塔佑外甥，保俶古塔如美人

164 镇水患禅师造塔，潮信来智深圆寂

172 雷峰倚天如醉翁，宗子解惑答船工

181 苕溪泛滥闹水患，舒公起塔保平安

189 孙昌募资造高塔，里人同心盼同兴

第四辑

文风塔

198　建南屏塔添美景，增秀峰塔齐文武

207　抟云塔影辉云表，玉华叶氏一脉馨

216　官堰山上筑宝塔，於潜自此发科甲

223　雁塔巍巍列凤城，巽峰奕奕兆群英

228　粮官修建培风塔，文风昌盛赋溪村

235　贤明造化钟灵秀，新安重建联魁塔

第一辑

舍利塔与经幢

许询舍宅建寺庙，
萧詧续缘修方塔

史迹链接：萧山祇园寺为东晋名士舍宅所建，原名崇化寺，许询建四层宝塔，未成，已耗尽资财，后来，南北朝时期的梁朝岳阳王萧詧建成两座方塔，均为五级楼阁式木檐砖塔，有方形倚柱，柱头上承砖砌额枋。每面有两个砖砌槏柱，隔为三间，明间开门，两尽间各雕一尊菩萨像。已毁。

那或许是东晋永和年间的一个春天，永兴（今杭州萧山）的桃花开得格外繁茂，天气晴朗的时候，外出踏青的人也比往年更多。人们把桃花摘下，戴在头上，别在衣襟上，一路上欢声笑语，把那些觅食的麻雀惊得四下乱飞。

赏花的人们很快发现，溪边有个戴斗笠的贵族公子显得与众不同。他正安静地握着钓竿，凝神望着水面。那鱼线、鱼漂不停抖动，显然已经有鱼上钩了，他却仿佛没看见一般，只是那么淡然地坐着。有人跺脚喊起来了："快拉竿啊！鱼都要跑了！"那人抬起头，笑了笑，却没有动。很快，水面又恢复了平静。众人估计那条幸运的鱼儿吃光饵料之后，已经扬长而去。

大家诧异地看着他，哪有这么傻的人，眼睁睁地看着鱼溜走？

忽然，阵阵马蹄声由远及近，一个仆役装束的人匆匆从马上跃下，一边擦着豆大的汗珠，一边冲那钓鱼的人喊道："公子啊，可把您找到了！"接着飞快地跑到钓鱼人那里，对着他轻声说道："皇上的诏书到了，请您速速回去接旨。"钓鱼人听罢，从容地站起身来，慢慢收好渔具，缓缓朝那匹马走去，任那仆役跟在身后，急得抓耳挠腮。

这天黄昏时候，永兴的街头巷尾流传着一个惊人的消息："大才子许玄度①在永兴隐居！皇上请他做官，他还不乐意去！"

这可是别人求之不得的事啊！各种猜测四处流传开来。

有人说："下午我看到过许询，那可是个奇人，比姜太公还有意思，鱼上钩了都不拉竿。"

①许询，字玄度，东晋玄言诗代表人物。

萧山祇园寺

有人说："许玄度的宅院华丽得很，家财万贯，他哪里还用得着做官？"

有人说："许玄度学问精深，冠绝天下，但大才子最怕的不就是官场的钩心斗角吗？"

种种议论，如无形无影的指头，一下又一下地挠在心间，让人心痒痒的，更加好奇。

然而，此时的许询却在家中愁眉不展，因志不在做官，他从山阴（今浙江绍兴）来到永兴隐居。他每天在山间漫步，在溪边垂钓，闲暇之余吟诗作文，过着优哉游哉、惬意自得的生活，现在却发现，仍然逃不掉那些来自官场的纷扰甚至来自皇帝的任命书。

他怎能不犯愁啊！这次若是违背皇帝的命令，还能否保命呢？若是不违背皇帝的命令，那就只能违背自己的意愿，余生囿于官场，完全丧失自由！

难道就没有一个折中的办法吗？

许询在房中坐立不安，反复思考应对措施。不经意间，他又坐到书桌前，拿起那本正在研读的佛经，先是一怔，继而又大笑出声：这不是有主意了吗？

第二天，许询便动身往国都赶去，他向晋孝宗司马聃上书，说自己决心吃斋念佛，还愿意把山阴和永兴的两处住宅一并捐出，用来改建寺庙，为皇帝和天下苍生祈福。

司马聃知道他不愿意做官，但没想到他如此坚定，心里极为不快，但许询的话让他很受用，他便装出很高兴的样子，支持许询的想法，还把许询在山阴的旧宅命名为"祇洹寺"，永兴的新宅起名为"崇化寺"。

于是，许询再不用委屈自己去做官了，依然住在自己的家里，只是房子改建为寺庙，换了个名称。那些曾经的仆役陆续与他依依惜别之后，又住进来一些僧人。许询知道，要像从前那般随心所欲不太妥当，但他眼下的生活倒是越来越安静了，这正是他最需要的。他每天在青灯古佛下读书著文，闲暇时候静看庭前花开花落，只觉得超然物外，十分惬意。

一段时间过去，许询想起他珍藏的几颗舍利还放在山阴，是否把它们永远地收藏到永兴崇化寺更好呢？他反复思考，觉得最好能修建一座舍利塔来安放它们，以供人们瞻仰。

许询默默地在崇化寺里徘徊着，暗暗比较着，最终选好了建塔的位置。那里过去是一处宽阔的空地，如今正处于佛堂前，是一处从日出到日落都能被阳光照射到的地方。许询又把家里值钱的物品都换成了钱，还亲自设计了舍利塔的构造图。一切准备好后，他便专注于修建舍利塔。

然而，一切并不像许询所想的那么容易。原本他希望修四层高塔，但他预先准备的材料在修完第二层时已经耗尽。

工匠们认为许询对于修建舍利塔的要求太过苛刻，而给出的工价却并不高，在他经济上逐渐捉襟见肘之后，便纷纷离去。

许询非常尴尬，原本家境殷实的他捐出房产，又把各种财物变卖，现在已经一贫如洗，哪里还能再拿出更多的钱财？许询只好四处奔走，请求亲友的资助，勉强筹措资金再修了一层，最后草草竣工，但这舍利塔离他最初的设想还有着太大的距离，也许叫停工更加准确吧。

暮年的许询常常望着这没有完成的舍利塔，心中无比落寞。最后，他带着遗憾与世长辞。

两百多年过去了，那座没有完成的舍利塔在风雨的侵蚀下，渐渐破败不堪。

南北朝梁武帝时期，一天风和日丽，时任会稽郡太守的萧詧来到崇化寺。

萧詧幼年时就读过许询写的很多作品，一直很敬仰许询，尤其对他不慕名利、远离官场的决心深感钦佩。萧詧虽然十分渴望在仕途上大展宏图，建功立业，但在内心深处，对那种闲云野鹤式的隐逸生活也充满向往之情。

此时的崇化寺冷冷清清，但墙壁上挂着许询斑驳的画像，房间里还存放着许询当年写下的书卷。萧詧把书卷一一拿起来，轻轻抚摸着，那厚重的感觉拨动着他的心弦。他端详着画像，仿佛看到当年许询在崇化寺里阅读经书的模样。萧詧十分感慨，隔着两百多年时光，眼前这位文豪竟然像老朋友一般亲切。

萧詧凝望着画像，仿佛有千言万语需要诉说。忽然一个苍老的声音打破了沉寂："许玄度，你可回来了？"萧詧吃惊地转身，佛堂那端，一位面容枯槁的老僧正望着他，仿佛与他相识已久。萧詧张望四周，随从都按他的吩咐站在殿外呢，这殿里空荡荡再无旁人，老僧呼唤的可是自己？可他怎么叫自己"许玄度"？萧詧正纳闷，那老僧又开口了："许玄度，你回来就好啊，你先把那未完成的舍利塔修好吧！"

萧詧暗暗好笑，这老和尚老糊涂了吧，认错人也就罢了，还把自己认成两百年前的人。他朝老僧走去，也不说明自己的身份，只是问他舍利塔在哪里，自己想去看看。老僧便颤颤巍巍地引他往里走，穿过一间佛堂，眼前又开阔了许多。老僧指了指屋外的空地，萧詧仔细一看，哪里有塔？那不过是一堆断壁颓垣，残砖旧瓦上布满了青苔。

萧詧感到一阵悲凉，许询文才盖世，连皇帝也那么器重，没想到，晚年耗尽家财竟然无法修完一座舍利塔，世道沧桑，两百多年过去，只剩下这片瓦砾……

"许玄度啊，你可要把它修完啊！"老僧的声音响起，仿佛在跟萧詧说，又似在喃喃自语。萧詧想也没想便爽快地答道："我一定会把它修完，我还要修出两座塔！"

说完这话，萧詧霎时感到浑身轻松，而那老僧，浑浊的双眼似乎也有了光泽。

萧詧抬头望了望，深邃的天空里浮云悠悠，有的像羽毛，有的像鱼鳞，有的像漂在深蓝大海上的白帆。他长长地舒了一口气，想起老僧的话，嘴角露出不易察觉的微笑，他想："或许前世我就是许询呢，我来把他的夙愿完成。"

萧詧招募天下最好的工匠来到永兴，又亲自挑选上等的石材、木材，与工匠们反复绘图，反复比较，最后终于选择了满意的方案：在大殿外的空地上，东西方各建一座五层方形塔。

两座方塔建成后，气势恢宏，每一层上的佛像都栩栩如生。周围很多百姓前来观瞻，都说萧詧做了一件大好事。

许询为萧詧前世的故事记载于沈仁衷的《感应塔记》之中，唐代隐居于临平山的丘丹《萧山祇园寺》一诗，也描绘了这一奇缘：

> 东晋许征君，西方彦上人。
> 生时犹定见，悟后了前因。
> 灵塔多年古，高僧苦行频。
> 碑存才记日，藤老岂知春。
> 车骑归萧詧，云林识许询。
> 千秋不相见，悟定是吾身。

这虽然不足取信，但是，或许正因为萧詧完成了许询建塔的夙愿，两人一为隐逸才子，一为南朝西梁开国皇帝，均崇尚佛教，因建塔而结缘，人们才想象出了这个充满奇幻色彩的故事吧。

崇化寺后来更名为"祇园寺"。到了吴越国时期，祇园寺香火旺盛，吴越监军节度使、渤海公又在此建造了两座圆塔，形成"一院四塔"的格局。

在一千多年的时光洗礼中，祇园寺遭到过战乱的破坏，甚至还惨遭虫噬，庙宇倾颓，破败不堪。但它也曾被多次维修和重建，被人们珍视，尤其是一座庙宇里共存四座佛塔的景象，是十分罕见的。

时光悠悠，沧海桑田，祇园寺内的四座塔已经湮没于历史的风尘，但这美丽的故事必将永远流传。

参考文献

1. 杭州市萧山区民政局、杭州市萧山区区划地名管理办公室编：《杭州市萧山区地名志》，方志出版社，2014 年。

2. 一函：《消失的古塔——萧山祇园寺四塔考》，https://www.sohu.com/a/157179102_611088，2017 年 7 月 14 日。

神尼深情育天子，
文帝执着兴佛法

史迹链接： 神尼智仙塔初建于602年，在杭州灵隐寺案山的飞来峰顶上，又叫"神尼舍利塔"。根据留存的图画看，此塔为方形木塔，高五层，修长玲珑，塔身秀美。这样的舍利塔，当时在全国共有一百一十三座，形制统一，均为隋文帝杨坚下诏所建，分三批建成。后毁于南宋。大约元末明初，此塔在原址重建，改为砖木结构，依旧是楼阁式方形塔。到清康熙三十八年（1699），康熙南巡之后，曾经拨款重修神尼塔，并将其变成七层砖身木檐塔。19世纪30年代以后，神尼塔或因年久失修而倒塌，或毁于咸丰年间战火中。

杭州飞来峰上曾有一座神尼智仙塔，现已湮灭，但有关这座塔的故事却广为流传。

隋仁寿元年（601）六月十三的清晨，初升的太阳给大兴城（今陕西西安）镀上了一层薄薄的金光，远处的山峦渐次清晰、明朗，近处的街巷里，来往的居民早已经开始了一天的劳作或出行。一队巡视的士兵走过，石板路上还回荡着整齐的脚步声……眼前的一切令大隋皇帝杨坚感到愉快，他甚至朝着那轮红日伸出了双臂，远远看去，好像是在拥抱朝阳。

眼前这座雄伟的城市是他的都城，他的子民们和他一样，在朝阳中开始了新一天的生活。这一天看似平常，如同以往二十年的任何一天，但是，似乎又不同寻常。毕竟，这一天是他六十一岁生日，他希望安静地度过这个不同凡响的日子，他更希望江山永固，百姓和乐。

杨坚沉吟半晌，把自己六十一年的光阴做了一个短暂的梳理。战场上血雨腥风的亡命厮杀，朝廷里刀光剑影的权力争夺，他都不愿意多想，他想得最多的是童年时光，还有那位养育他十二年的"阿阇梨"。

今天所有的一切，都源自她的庇护和培养啊！早在自己童年时期，她仿佛已经预知了今天的这一切。然而，她已与世长辞。

杨坚每每想起她慈祥的面容，心里就充满哀伤。

"她实在是应该被自己和大隋的子民们铭记啊！"想到这里，崇尚佛教的杨坚忽然萌生了一个念头，天下不是正在大兴佛法吗？正好可以在各个寺庙里修建舍利塔来纪念她。

想到这里，杨坚只感到热血沸腾，浑身都变得轻松起来。他快速来到案桌前，迫不及待地写下诏书。搁下笔，他仿佛看到全国各地一座座舍利塔拔地而起，成百上千的大隋子民正在叩拜、祈福，天地间，充溢着一片祥和之气。

六十一年前的那个六月十三的晚上，似乎又出现在眼前。诚然，他自己并不记得自己出生时候的情景，一切都来自"阿阇梨"曾经的讲述。

　　西魏大统七年（541）六月十三日夜，杨忠将军带了几位随从，正把夫人送到冯翊（今陕西大荔）的般若寺。夫人即将临盆，按照当时的习俗和观念，人们认为，在寺庙生下的孩子会得到佛祖的庇护。杨忠将军就近选择了般若寺作为孩子的出生地。

　　这晚，杨家的孩子呱呱坠地，母子平安。令人惊奇的是，孩子降生后，整个般若寺仿佛笼罩在一片紫光里。

　　尼姑智仙就是这时候来到杨将军跟前的。

　　她郑重地说："这孩子受佛祖保佑，有金刚不坏之身。"

　　杨忠听了很高兴，依照此言给孩子起名叫"杨坚"。

　　杨坚出生后一直啼哭不止，杨忠怕孩子身体有恙，感到忧心忡忡，便向智仙请教。智仙把孩子抱在怀里，孩子立刻停止哭声，很快就睡着了，那睡姿十分安详。杨忠见孩子没什么问题，便放心了，要抱走孩子，但孩子又像先前那样大哭起来。

　　这样反复多次，杨忠很惊讶，认为智仙有超出常人的神力。

　　智仙告诉杨忠："这孩子将来要得天下的，所以天生不同寻常，将军不能在世俗里抚养他，请把他交给我吧。"

　　杨忠听了大惊失色，这些话怎么能随便说，那是要被满门抄斩的。

智仙却平静地说："孩子与我有缘，我要给他起名为'那罗延'，梵语里的意思是坚牢不坏。"

杨忠犹豫不决，取名字可以，但怎么能将孩子交给一个陌生的尼姑来抚养呢？杨忠的夫人吕氏却轻声告诉丈夫，可以把尼姑请到自家宅院里。她还低声告诉丈夫："这一晚的紫光就是一个吉利的征兆，或许咱们的孩子真能改变天下呢。"

夫妇俩有些惴惴不安，他们再三告诫寺里的人，切不可将满院紫光的情景告诉任何人。

不久，智仙跟着杨忠夫妇来到杨家。杨忠命人在后院开辟出一处院落作为寺庙，让智仙亲自抚养孩子。智仙却告诉杨忠夫妇，十二岁之前，父母不能来见那罗延。

然而吕氏哪里能做到，她思子心切，一天趁着智仙外出，便偷偷来到后院的庙里，抱着孩子就是一通亲吻。

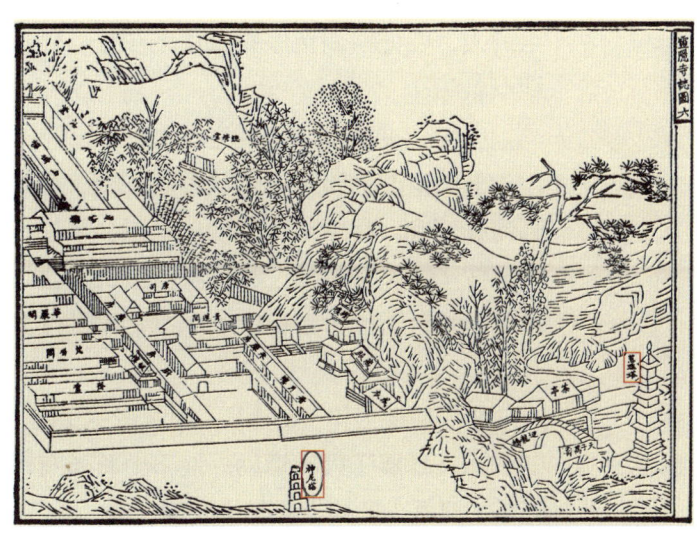

清代《武林灵隐寺志图》中可见神尼塔、慧理塔

忽然，她发现孩子头上有两个鼓起的包，仿佛要长出两只角来，她蓦然想起智仙的忠告，惊恐万分，一失手，孩子就落到地上哇哇大哭起来。

此时，智仙刚好回来，她赶紧抱起孩子对吕氏说："夫人不能再来见孩子了，您让他受到惊吓，使他得天下的时间推迟了好多年。"

幸好时值冬天，孩子身上穿得很厚，倒不曾摔坏。

但那以后，吕氏再也不敢去看孩子了。

杨坚就在智仙的抚育下，一天天健康成长。他天性仁慈，对世间万物都充满悲悯之心。他跟智仙一样吃素，诵经，学到很多佛学知识。他称呼智仙为"阿阇梨"，意思是"弟子的楷模之师"。

杨坚七岁那年，智仙告诉他："那罗延，你可知道，眼下看来，人们还信奉佛教，但不久以后，佛门弟子可能会有灾难。等你长大了，一定要做一个能解救黎民苍生的人，要记得肩负振兴佛法的重任。"小杨坚很懂事地点点头。

十二岁时，杨坚终于从后院回到父母身边，智仙也回到般若寺。尽管年幼的他还有很多事情不能明白，但他记住了"振兴佛法"和"解救黎民苍生"两句话，他常常提醒自己，一定不能辜负"阿阇梨"的期望。

北周建德三年（574），周武帝宇文邕为了维护自己的统治，开展了灭佛运动。他下令将所有僧侣全部遣送还俗，又派人毁掉大量的佛经与佛像。

智仙无处可去，只好又来到杨坚家里躲避灾祸。此时，杨坚已经长大，因为文武双全、才华卓绝而得到周武帝的重用。杨坚的公务十分繁忙，但他一再叮嘱家人与仆役，必须像对待自己母亲那样恭敬地对待"阿阇梨"。智仙一直深受尊敬，杨府的人都称她为"神尼"。

智仙圆寂后，留下三十多颗舍利，杨坚一直珍藏着。每当看到那些舍利，他仿佛又听到"阿阇梨"的谆谆教诲。

几年后，周武帝患了重病，最后全身糜烂而死。周宣帝即位，这是一个暴虐而淫乱的皇帝，很快就丧失了民心。杨坚趁此机会总揽大权，在周宣帝驾崩之际，杨坚已经赢得了朝中大臣们的拥戴。在年幼的周静帝继位后，杨坚很快灭了北周，建立了大隋。

杨坚时刻铭记智仙的教诲：要振兴佛法，要解救黎民苍生。他允许百姓自由出家，并且昭告天下：要把周武帝时期被毁坏的佛像重新修建起来。杨坚又派人主持抄写经卷，修治的经书达到四百部，推动了佛学的发展，对后来唐朝佛学的大兴起了奠基作用。他还躬行节俭，改良政治，通过科举考试来选拔人才，隋朝很快就呈现出繁荣富庶的局面。

杨坚经过一番思考，对于在全国各地修建舍利塔有了细致的规划。他先在国内选择了三十个清净的佛寺，在寺内建塔供养神尼智仙的舍利，杭州的灵隐寺就是其中之一。杨坚在诏书上说："朕皈依三宝，重兴圣教，……共修福业……"他还要求被选中建塔的地方，官员们停止常务，用七天时间专门筹办建塔事宜。这事令天下人感到吃惊，官员们都深深感受到皇帝对佛教的推崇以及对神尼智仙的敬爱。

　　隋仁寿二年（602）正月，隋文帝杨坚在仁寿宫举行盛大仪式，并亲自向派往各州的建塔使团授予三样重要的物件：建塔的证书、木塔的统一图样，以及在塔中供奉的舍利盒。到杭州执行建塔的使团，是由国师副手、高僧慧诞带领的，他们向杨坚叩首拜别后，便纷纷骑上骏马从国都出发，往杭州进发。

　　相传，杭州灵隐寺建造神尼智仙塔的时候，有一个惊人的巧合：工匠们正在挖掘地宫，希望找一个妥帖的地方安置智仙的舍利。正当他们掘开一层层土壤，眼前忽然出现了一个石坎，工匠们试着把装有神尼智仙舍利子的盒子放进去，居然不差分毫。工匠们对此惊叹不已，认为在这里建造舍利塔是上天的安排，建塔的时候，怀着满腔敬畏之情，做事认真严谨，达到一丝不苟的程度。

　　到四月初八这天，飞来峰上，工匠们终于建成了号称"杭城第一塔"的神尼智仙塔。它金碧辉煌，十分气派。杭州人纷纷走出家门，去瞻仰这座宏伟的舍利塔。人们逐渐了解到神尼智仙抚养皇帝的故事，都为皇帝的赤诚而深深感动。

　　神尼智仙塔在飞来峰上屹立了几百年。历代有不少文人来到杭州，参观、歌咏它。北宋郭祥正《钱塘西湖百咏·神尼塔》一诗中写道："神尼凿一塔，杳在碧云端。舍利夜光现，君须正眼观。"生动地写出了当时的胜景。

　　到了清朝康熙年间，晦山和尚在灵隐寺做住持，也曾经在诗中讲述了隋文帝杨坚被智仙抚养长大的故事："插汉浮图古，传来隋代尼。神通仙佛母，襁褓帝王儿。闹市知天子，深宫礼佛师。灵山藏舍利，斑剥故朝碑。"读来十分感人。

后来，因年久失修，神尼智仙塔坍塌了。从坍塌之日算起，距今已逾百年。至于大隋开国皇帝和神尼智仙的故事，多少有虚构的传奇成分，但其中蕴含的知恩图报的品质，是中华民族的优良传统之一，这也是有人会到神尼智仙塔旧址处感怀凭吊的原因吧。

参考文献

1. 施奠东主编：《西湖志》，上海古籍出版社，1995 年。

2. 钟毓龙：《说杭州》，浙江人民出版社，1983 年。

3. 陈天声：《飞来峰"隋神尼舍利塔"考证》，《杭州文博》第 4 辑，杭州出版社，2006 年。

龙兴寺屡毁屡建，
唐经幢金光依然

史迹链接： 龙兴寺经幢位于杭州市延安路灯芯巷口，原有二经幢，今存其一。该经幢建于唐开成二年（837），高5.42米，为八角形石柱。由二层须弥座、幢身、腰檐、短柱、上檐、幢顶相叠而成，短柱上四面刻佛龛，每龛一佛二菩萨，其造像具有丰满、健壮、写实的唐代典型风格。平座的八面各浮雕勾栏。须弥座的束腰处用高浮雕技法雕八尊承托力士，已深埋于约1.6米的地下。幢身高1.7米，面宽0.27米，刻《佛顶尊胜陀罗尼经》，经文为唐代大书法家胡季良所书写。2013年，龙兴寺经幢被公布为全国重点文物保护单位。

天色刚暗下来，穿着各色盛装的人们已经纷纷走出家门，仿佛一幕大戏已经鸣锣击鼓，只等观众来喝彩。这是北宋熙宁年间的某个元宵节，杭州城到处张灯结彩，天空中不时升腾出一朵朵硕大的烟花，把城市照得忽明忽暗。沿途到处是鞭炮的炸裂声，商贩的吆喝声，艺人们的说唱声，小孩的欢呼声……

其中，灯芯巷一带尤其热闹，灯火璀璨，人头攒动，焰火与彩灯把半边天空都映红了。

人群中，有两名并肩走着的男子尤其引人注目。戴着高帽子、身材微胖的是时任杭州通判的大文豪苏轼（字子瞻），旁边则是他的朋友、时任越州（今浙江绍兴）通判的另一文豪曾巩（字子固）。

两人寻了一处阁楼坐下，一边饮酒，一边赏月观灯。楼下人群熙熙攘攘，这阁楼却有另一番景致，透过木格窗户，刚好可以看见对面祥符寺的庙宇飞檐，月光的清辉洒下来，仿佛给祥符寺镀上了一层银光。与街巷的热闹相反，祥符寺寂静、冷清，还透着几分神秘。

苏轼望着窗外微笑道："子固兄，你这次的行程太匆忙了，原想与你一起去祥符寺寻宝，奈何你明日就要启程。"曾巩顺着苏轼的目光望去，刚好看到祥符寺的匾额。

"大中祥符寺，"曾巩喃喃念道，沉吟片刻又问，"这是真宗当年重修寺庙，特意御赐的匾额吧？据说，这里以前叫龙兴寺，重修后才改名为祥符寺？"苏轼点头，

龙兴寺经幢

拈须微笑道："子固兄博闻强识，说的都对，可也听说过里面的宝贝吗？据说，这里藏有'龙兴十宝'。"

曾巩点头，他自然是听说过的，想起关于宝贝的故事，不禁又摇头叹息了一阵，便跟苏轼讲起那段一百多年前发生过的"寻宝故事"。那是祥符寺的大灾难啊：

唐末天复二年（902），钱镠手下的许再思叛乱。听说龙兴寺有宝贝，贪婪的许再思带着属下匆匆忙忙赶到这里。他们到处翻看，把这里弄得乌烟瘴气，却没有找到任何金银财宝。他们不罢休，又威胁住持，说要放火烧了这寺。那住持胆小，只好告诉他们，殿前的两座经幢就是镇寺之宝。

许再思根本不懂什么是宝贝，只以为金银财宝肯定藏在经幢下面，立刻命人去挖。

士兵们果然挖到两口相对扣合的大缸，立刻激动万分，他们哪知道，这缸里放着一百多年前圆寂于此的国一禅师。他们打开大缸，没有找到金银，只有国一禅师的遗体。眼前的国一禅师就像是睡着了，肉身完好，只是长长的头发遮住了面庞。许再思和士卒们吓得连连磕头，仓皇逃窜……

曾巩讲完，长叹一声："罪过啊，罪过！"苏轼说："他们不知道这经幢就是宝贝，说明经幢应该还在寺里。"曾巩望着苏轼，半晌才语重心长地说："子瞻，你年轻，好奇心重，切莫去信那些村野怪谈，也不要去打扰佛门的清净，更不要再给自己惹来事端了。"

苏轼知道他说的是自己抵触王安石变法的事，也理解他的善意提醒，便点头道："兄长见教得是。"

月亮已经高挂于中天，灯芯巷灯火阑珊，人们已渐渐散去。苏轼和曾巩便也依依话别，各自往住所而去。

临行前，苏轼再次回望了祥符寺的大门，他想，寻宝自然还是要去的，那经幢可是罕见的宝贝啊！

连日里公务繁忙，转眼就到了盛夏。一天，苏轼从官署里轻快地走出，想到终于可以轻松几天，脸上便漾起了笑意。忽然，他又想起祥符寺来，何不趁这个时候去打听一下宝贝的下落呢？于是，他转身又进了官署，把虞候①叫上。

那虞候还年轻，看着屋外火热的阳光，脸上老大不情愿，但一听苏轼说要"寻宝"，便来了兴致，赶紧问道："去哪里寻宝？"苏轼答："祥符寺。"虞候诧异地说："那不就一个寺庙吗？有什么宝贝哦。"

苏轼擦了一把汗，笑道："这祥符寺大有来头，你听我慢慢给你讲来：南朝梁大同二年（536），有一个叫

①虞候：官职名，宋朝时也指官员的侍从。

龙兴寺经幢细部

鲍侃的人舍下宅院，在此地建了一座寺庙，称之为'发心寺'，表达他发愿发心的虔诚。到了唐朝，改名为'众善寺'，之后又做了维修，就改名为'龙兴寺'。这个寺庙是屡毁屡建啊，而且，还屡次改名，有点意思。"

虞候点头说："龙兴寺我知道，现在的祥符寺就包括龙兴、祥符、戒坛三寺。"苏轼接着说："对。我们今天就去这个龙兴寺寻宝。我先给你讲讲这个宝贝的来历。唐朝开成二年（837），龙兴寺僧人不远千里，历尽跋涉之苦，到山西五台山朝拜，取回了《佛顶尊胜陀罗尼经》。这是龙兴寺的盛事啊，僧人们商议，要把经文刻在经幢上，日夜供奉，用它来驱邪镇魔，护佑太平。于是，在居士郑彻和僧人宗亮的主持下，寺里请来大书法家胡季良抄写，又请了两位杰出的匠人，让他们把这抄好的经书镌刻在经幢上。"

虞候停住了脚步，纳闷地问道："那经幢要多大，才能把经书全刻上？"苏轼笑道："那经幢是东西两座，方柱形，四面都刻了经文。应该很高。不过，我也没见过。"

虞候说："那苏大人要找的宝贝就是这个经幢啰？它是金的还是银的？"苏轼说："它应该是一个石柱，在书法上、建筑史上都有很高的艺术价值。"

虞候正走得汗流浃背，不禁急得满脸通红："那算什么宝贝，就两块石头，还那么大，大人找到了又有何用？还不能带走它。"

苏轼见他急了，赶紧说："龙兴寺里有'龙兴十宝'，这才其一，莫慌，莫慌，你要是错过了就可惜了啊！"虞候只好耐着性子继续走，那豆大的汗珠从他脸上滑落，他也懒得去擦。苏轼知道，自己同样如此，脸上、背上全是汗，但是，要寻宝，再是酷热，忍忍也就过了。

终于走到了龙兴寺，偌大的寺院里静悄悄的，僧人们大概都在经堂里诵经。苏轼带着虞候，穿过庙里的长廊，往一条幽深的小径走去，那是琴僧惟贤的禅房。

此时，刚好也听见婉转的琴音流淌出来，流水一般，空灵婉转，让人倍感安宁。苏轼朝虞候示意，两人便伫立在屋外，静静地聆听着，一曲终了，余音绕梁，苏轼不禁拊掌叫好。

惟贤早已经察觉他俩的到来，此时也缓缓走出来拱手迎接客人。

苏轼跟他熟识，也不跟他客套，进了禅房，就把衣衫脱下，还摘了头巾拿在手里来回扇动："太热了！"苏轼说着，把裤腿也撩起来，顺势躺在竹榻上，此时他只感觉后背的汗水正往竹榻上慢慢滑落，似乎有成百上千的小虫在背上蠕动，便急着喊虞候："热死了，快拿'痒痒挠'来帮我抓一抓。"

惟贤端了两盏茶水来，向苏轼问道："施主可是又要来打听宝贝的下落？"苏轼笑道："那肯定是。上回来，遇上你们庙里在做法事，我不便多问，今日特意来寻访宝贝的。"

惟贤说："自我进寺以来，也常听师父们说起'龙兴十宝'，说得最多的也就是施主说的这个经幢，可是经幢那么大，它要是真的在寺里，谁都藏不住的啊！可见，这些都是传闻，不必当真。"

苏轼觉得这话也有几分道理，但既然来了，肯定要到处看看才甘心。他说："难道这'十宝'都是传言？就没有一宝还在？"惟贤说："现在只有一宝，就是'九十九眼井'，这是大家都知道的。"

苏轼赶紧起身，把衣服披在身上："那咱们就去看看再说。万一这经幢藏在井里呢？"

虞候正在喝茶，一听了这话，满口的茶水险些喷出

龙兴寺经幢上的《佛顶尊胜陀罗尼经序》

来。苏大人真是童心未泯！井里哪能藏得下经幢？再想，两个大石头算什么宝贝，这么折腾？

来到后院，"九十九眼井"就出现在眼前。这并不是外面传说的龙兴寺有九十九口井，其实就是一口大井的石板上有很多孔而已，简直是以讹传讹啊！

苏轼看着那井，井水清澈，周围的空气也很沁凉，看了一阵，他的心里也泛起一点凉意：经幢肯定不会在井里了，可惜了这"龙兴十宝"，就这样杳无踪影了吗？他确信，经幢肯定是有的，可是，它们在哪里呢？

惟贤缓缓地说："相传，经幢下还埋有国一禅师珍藏的五十四颗舍利，这舍利是释迦牟尼佛留下的。一百多年前，佛家遭遇了前所未有的大劫难，一场灭佛运动，全国有四万四千六百多所寺庙被毁。历年的战乱，龙兴寺几次遭遇火灾。后又经过许再思寻宝那一劫，舍利、经幢都不知所终。阿弥陀佛！"

苏轼叹道："可惜啊！"他环顾四周，实在不能看到任何可疑的地方，就如惟贤说的那样，那么大的经幢，还东西两座，谁能藏得下呢？但它们又能去了哪里？他不无遗憾地摇摇头。这近百年的光阴里，频繁地改朝换代，各种割据势力争夺地盘，发生了大大小小多少战争，哀民生之多艰！乱世的破坏力太大了，而要保住佛门的清净，让百姓获得和乐的生活，唯有国家安定才能实现啊！

苏轼就那样紧锁眉头，带着虞候离开了龙兴寺。

此后，他离开杭州，后来再次到杭州做官，一直念念不忘那经幢，然而，他终究还是没见过那经幢一眼。

历史的车轮一路向前。

1279 年，宋朝彻底灭亡。元朝统一全国。

1368 年，朱元璋派徐达攻占元大都，元朝灭亡。明朝取而代之。

数百年风雨中，龙兴寺遭遇了无数的劫难，战乱、火灾，被数次焚毁殆尽，而唐朝时留下的那对高耸的经幢也仍旧踪迹全无。

明朝末年。一个看似平常的夏日黄昏，残阳如血，云霞也被染得通红。路人甲忽然指着前方说："那里是灯芯巷的方向吧，是不是着火了？"

"哪有的事，是火烧云映红了天空吧。"旁边的路人乙打断了他，一边瞪大眼睛朝前方看去，"不对啊，怎么有烟？浓烟！哎呀，真的着火了！快，快去救火啊！"

他俩赶紧往灯芯巷方向奔去。

也不知是哪家居民做晚饭的时候，厨房起火了，一下子把旁边的房子也烧着了。火势蔓延得很快，灯芯巷已经乱成一团。有人抱着孩子从火光里冲出来，有人在抢救屋里的金银细软，更多的人正端着木盆去井里汲水，慌忙往那燃烧的地方泼水。

刚才的路人甲和路人乙已经气喘吁吁地跑到了，他俩跺着脚，几乎同时喊道："快，把旁边的墙拉倒！快！"他们这一喊，其他人终于恍然大悟，赶紧帮忙找来工具，把起火那间房的木板全部拉倒、拆掉。

人多力量大，火被扑灭了。烧毁了好几处房子，但所幸没有人员伤亡。

有人察看那着火的地方，忽然惊讶地喊道："大家快来看，这个墙基下面是什么？"众人赶紧围上来，那烧焦的土墙中间嵌着一个圆圆的石头，看不出是什么，但肯定不是寻常的东西。

那人小心地把土墙扒开，又看到那石头上有雕像，似乎还有字，他们便掌灯细看，又慢慢地深挖下去。天啊，那竟然是一个经幢！

有几位读书人在场，仔细分辨着那上面的文字，一边念，一边猜测，忽然间，有人已经明白过来，这就是当年龙兴寺那个遗失多年的唐经幢啊！这个发现让大家又惊又喜。经过那么多年月，这个唐经幢的幢身、幢基、幢顶竟然无一处破损，幢上的十八罗汉金光依然！

天色早已昏暗，但整个杭州城都沸腾了，人们奔走相告，纷纷前来瞻仰那个经幢，打着灯笼的，拿着火把的，仿佛都忘记了这里刚刚扑灭一场大火。

读书人还在反复念着上面的经文，其他人则静静地聆听。有人小声地议论说："那应该是一对经幢的，可是，另外一个经幢在哪里呢？"

没人回答他，众人只觉得有一个经幢重见天日，已经是多大的佛缘啊！

那天，杭州城陷入了不眠之夜，唐经幢就被竖立在那里供陆陆续续到来的人瞻仰。叩拜经幢的人、燃香祈祷的人、看热闹的人络绎不绝，灯芯巷被堵了个水泄不通……

历史的车轮从未停止。

到了2000年，灯芯巷已是一片前所未有的繁华景象。杭州市政府拆除了一些民居，又修建了一个小公园，唐经幢被重新立在公园里。为避免经幢遭遇日晒雨淋，政府特意建造了一个亭子来保护它，又在经幢周围加装了八面玻璃窗户，完全隔离了人的触摸。那上面的石刻经文清晰可读，经幢上的十八罗汉栩栩如生。

一千多年过去了，唐经幢还能金光依然，在文物考古、历史研究，以及佛学研究方面都有很高的价值，这是真正的宝贝啊！

参考文献

1. 杭州市下城区地名办公室编：《杭州市下城区地名简志》，1994年。

2.《杭州市下城区地名续志》编写组编，刘炼石编著：《杭州市下城区地名续志》，香港金陵书社出版公司，2003年。

3.〔清〕张大昌：《龙兴祥符戒坛寺志》，杭州出版社，2007年。

烟雨塔影

HANG ZHOU

湖上风光说灵隐，
理公塔下怀慧理

史迹链接： 理公塔，位于杭州市灵隐寺景区龙泓洞口，又名灵鹫塔，是灵隐寺开山祖师慧理瘗骨处。始建年代无考，北宋开宝八年（975）重建，明万历十八年（1590）僧人如通主持重修。理公塔为石构楼阁式塔，高约8米，六面七层。每面的中间开拱顶洞门，造型简洁，底座为须弥座，第一层塔身素面无饰，二层刻有塔铭，三层刻《金刚经》，四层以上皆刻有佛像，塔顶有葫芦形塔刹。现存理公塔为明代所建。

明朝万历十五年（1587）六月的一个清晨，暴雨如注，整个杭州府仿佛被淹没在汪洋大海之中，到处是茫茫雨雾，看不清人影，只听到人们在雨中抢救那些尚未被冲走的物品，偶尔还会听到大树被狂风折断的声音。

雨已经连续下了三天三夜，却仍然不见停止。

临近中午时分，人们大多收拾停当，茫然地望着屋外。没有人告诉他们，雨什么时候停，地里是否还有收成。

忽然，理公岩上一阵巨响，似乎有许多石头同时滚落，伴着山上洪水滔滔的声音，附近村子里所有人都惊骇得说不出话来。他们透过雨雾费力地朝着山上望去，半晌，终于有人发现了什么，大家都听到了一阵惊慌失措的叫喊声："天哪，理公塔倒塌了！"

无数人惊恐地陷入沉默。一直以来，村民们都认为理公塔在庇护着他们。逢年过节的时候，他们都会去石塔下磕头、祈福，期盼风调雨顺，期盼家人平安健康。——它怎么能倒下呢？都怪这场大雨，实在是好多年没见过的大雨啊！

一个孩子瞪着眼望着那山岩上，想起平日里看到的那高高耸立的石塔，不禁好奇地问道："理公塔里全是石头吗？"他的父亲赶紧捂住他的嘴说："可不能说这么不敬的话。"

父亲想了想，便给孩子讲述理公塔的故事和来历，那当然是他从小就听他的父亲所讲的故事了：

很久很久以前，大概是东晋那个朝代吧，有一个叫慧理的印度和尚来到杭州。他走到武林山中，忽然看到一座山峰和印度国的某个山峰非常相似，他非常惊奇地感叹道："这是天竺国灵鹫山的一座小山岭啊，什么时候飞到这里来了？"他环顾四周，又接着说："佛在世日，多为仙灵所隐。"

因为他说的这些话，那座山峰就有了"飞来峰"的名字。

慧理和尚认为这里有灵气，就留下不走了，他到处募捐，在飞来峰旁边修建了灵隐寺。从此，他成了灵隐寺的开山祖师，就在这里讲解佛法……慧理和尚死后，人们为了纪念他，就在龙泓洞口修了一座石塔来安葬他，

杭
州
风
迹
H A N G
Z H O U

灵隐理公塔

这就是"理公塔"。理公塔在这里，可以保佑我们世世代代平安的。

小孩听得入神，很想去看看那倒下的石塔。他天真地问道："那个和尚还在石头里吗？他是坐在里头还是躺在里头呢？"父亲摇头叹口气说："你还小，你长大了以后就懂了。"

两天以后，终于雨过天晴。村里的人们便去那山岩上察看，但那里只有一堆凌乱的石头。

人们摇头叹息，纷纷议论说：塔倒了，应该重新修啊！

可是，现在每家每户都遭遇了暴雨和洪灾，哪里能拿出银子来修塔……

明朝万历十八年（1590），僧人如通来拜祭慧理和尚。虽然他已经听说三年前的洪灾使理公塔坍塌了，但眼前的情景还是令他吃了一惊。眼前这堆乱石上，荒草四处蔓延。如果没有村民指路，他根本想不到这里是高僧慧理的墓塔。

如通和尚朝着那堆石头深深地鞠躬作揖，心里暗暗发誓："一定要把理公塔重新修建起来。"

如通和尚在杭州城里四处奔走，向人们讲述高僧慧理的功德，以及自己希望能重建理公塔的心愿。有时候他会遇到人们慷慨解囊，有时候也会遭遇白眼，但他始终目光坚定地，一次次为人们讲述飞来峰和灵隐寺的故事，以及慧理为杭州做出的贡献。

直到有一天，如通遇到了佛教信徒程理。程理问如通："修塔还差多少银子？剩下的都由我来出吧。"

如通开始虔诚地主持修建理公塔。他和程理找来工匠，一起认真地讨论和设计，使得这座墓塔保持了浓厚的明代石塔的风格特征。

石塔共七层，第一层中空，第二层到第七层逐层收分。第二层的正面还镌刻了"理公之塔"的塔名，并镌刻有"慧理大师塔铭"，铭文里讲述了明朝万历年间重建理公塔的经过。第三层刻有经文及六字真言、"南无宝幢胜佛"、"光明净域"等字，第四层至第七层刻有坐佛或者门窗。

人们都说，西湖附近的风光因为飞来峰和灵隐寺而更有魅力，而来到这理公塔下，会深深地缅怀慧理大师修建灵隐寺的无量功德。

参考文献

1. 施奠东主编：《西湖志》，上海古籍出版社，1995年。
2. 赖天兵：《杭州灵隐理公塔》，《浙江佛教》2002年第3期。

白云深处矗宝塔，
万善同归忆禅师

史迹链接：延寿塔，在杭州净慈寺永明塔院内。又名永明塔，原在大慈山，明末迁往净慈寺，是五代吴越时期高僧延寿大师（号永明）的墓塔。延寿大师（904—976）①是中国佛教净土宗第六代祖师，俗姓王，字冲玄，本是江苏丹阳人，后迁居浙江余杭。

烟雨塔影

H A N G

Z H O U

①旧多作"904—905"。因延寿圆寂于开宝八年十二月二十六日，即公元976年1月29日，故其卒年当为976年。参见黄公元：《永明延寿的高丽弟子及其对海东佛教的深远影响》，载杭州佛学院编《吴越佛教》第八卷，九州出版社，2013年。
②镇将：官职。

五代后唐应顺元年（934）年的春天，天地澄清，柳色如烟，钱塘县的街巷沐浴在一片温暖的日光里。然而此时，人们无心欣赏春日的美景，却纷纷挤到菜市口外等待一场斩刑。

有人不停地擦拭眼泪："好人啊，太可惜了！"还有人在愤怒地责骂："这不都得怪你们！捕的鱼越来越多，都去找王镇将②买！现在王镇将就要被斩首了，看你们怎么能安心！"

刽子手在磨刀，嚓嚓的声音令所有人心惊胆战。然而，即将被斩首的人却神色恬淡地跪着，丝毫没有恐惧和惊慌。终于，钱塘县令发问了："王延寿，你可知罪？"王延寿平静地答道："知罪。"

"死到临头，你可害怕？"

王延寿说："不怕。"

"为何不怕?"

"我一人性命能换来万千性命得以活下,我死得很值。"王延寿说完,低下头,伸出了脖子……

人们不忍心再看,纷纷低下头,不少人甚至痛苦地闭上了眼睛。空气似乎凝滞了。

忽然,钱塘县令发出了爽朗的笑声:"松绑!"

人们吃惊地瞪大了眼,刑场中心的王延寿也诧异地抬起头望着县令。

"本官有我王的特赦令,王延寿悲悯为怀,挪用库银并非为了私用,而是用于放生,因他有好生之德,故而赦免其罪过。王延寿,快去钱王府面谢不杀之恩吧!"县令话音未落,人群里响起潮水一般的掌声。大家欢喜地流着泪,奔走相告……

人们哪里知道,吴越王曾叮嘱县令:倘使王延寿在刑场上害怕,就斩首示众;如果不怕,就赦免他无罪。此时,钱塘县令手心里还全是汗呢……

王延寿原本担任华亭镇将,督纳军需。他心怀慈悲,每每看到有人杀生,便会拿银子去买动物放生。附近的百姓知道他善良仁厚,每次捕鱼后不能卖完,就来求王延寿买。

这样一来,王延寿放生的动物越来越多,把家里的资财都耗尽了。为了继续放生,他悄悄挪用库银,只想

净慈寺

着日后用薪俸去补上，哪知道，他擅自动用库银的事很快就被上级发现了。依照律令，王延寿会被处死。这就有了文章开头的一幕。

吴越王钱元瓘在王府里召见了王延寿，见他神色安然，不卑不亢，认为他有世外高人的风范，便问他有什么打算。王延寿叩谢了吴越王，说自己不想做官，只想到寺庙里终身修行。吴越王答应了他，让他去龙册寺受戒，跟随翠岩禅师习禅修定。[①]

出家后的王延寿，每天以野菜野果为食，从不穿缯帛丝绵制作的华服，吃饭从来不超过一道菜品，生活十分淡泊甚至清苦。除了完成寺庙里日常的课业外，延寿禅师每天还要研读大量的经书，感悟佛法，并写下很多感言，解释佛法。

① 一说延寿是三十四岁出家。
② 鸐雀：古书上说的一种小鸟。

据说延寿禅师曾经去浙江天台山的天柱峰闭关修行九十天，结束修行时，发现衣角里竟然有鸐雀[②]筑下的巢，这样的禅定功夫非同寻常，同时代的人几乎无人能及。天台山的法眼宗德韶禅师因此而很器重他，还密授玄旨给他，故释延寿为法眼宗第三祖。德韶禅师还鼓励他说："将来你一定能大兴佛法。"

延寿禅师没有辜负德韶禅师的期望，在天台山结坛虔诚修习《法华忏》，又到天柱峰持诵《法华经》三年，悟得佛法真谛。他的声名更加远播。

几年后，延寿禅师又去明州（今浙江宁波）的雪窦山讲习佛法，四面八方的僧人听到这个消息，都慕名而来，云集在雪窦寺。雪窦山上环境非常清幽，适宜于出家人修行。走在雪窦山上，不时可以看见千尺飞瀑，万丈奇岩。一到夜晚，到处一片寂静，正如延寿禅师曾经所作的一首偈里描述的那样："孤猿叫落中岩月，野客吟残半夜灯。此境此时谁得意？白云深处坐禅僧。"

在天地之间了悟禅意，永明延寿禅师一直走在众位僧人的前列。

一天，禅师在雪窦寺的堂上说法："雪窦山中，千尺瀑布迅疾而下，纤丝粟粒都无法停留；万丈山岩奇峻挺拔，连站脚的地方都没有。请问各位，你们从哪里迈步前进呢？"众人都陷入沉思，半晌，有一位僧人问道："雪窦山只有一条路，该怎样行走呢？"永明延寿禅师微笑着说："步步寒花结，言言彻底冰。"意思是"以无门为门"，凡事要脚踏实地，身体力行。僧人们听后豁然明白了禅意。

五代后汉乾祐元年（948），钱元瓘之子忠懿王钱弘俶即位。他在位期间，大兴佛法，修建了很多寺庙和佛塔。五代后周显德七年（960），钱弘俶邀请延寿禅师来杭主持灵隐寺复建工程，并赐其法号"智觉"，所以后世又称他为"延寿智觉禅师"。

次年，延寿禅师又奉命住持慧日永明院（又称永明寺，即后来的净慈寺），一任就是十五年，他一直保持苦己利人的修行风格，人称"永明延寿禅师"。他常年持诵《法华经》，每天忏愿、坐禅、说法不断，精进行持一百零八件佛事，白天放赎生灵，黄昏则往别峰经行念佛，深夜时分，寺里大众都可听到他念佛的声音。

他的弟子很多，据说有两千多人，当时，无论是一般僧人还是朝廷命官，都对永明延寿禅师满怀敬仰之情。忠懿王钱弘俶曾赞叹说："从古到今，求佛法的人，也没有像永明延寿禅师那样恳切真诚的。"于是，钱弘俶又下令为禅师修建西方香严殿来成全他的志愿。

除了修行和弘扬佛法以外，永明延寿禅师还特别注重将自己的修行体验与对佛学的研究心得整理成文字。

他的著作很多，如《万善同归集》《唯心诀》《受菩萨戒》《定慧相资歌》等，其中，成就最大的当属《宗镜录》，达一百卷之巨，他的"一心为宗，诸宗融合，万善同归"的思想奠定了中国汉传佛教的主流。

永明延寿禅师还主持修建了六和塔，那时候他已近七十高龄，身体和精力大不如从前。当时人们都认为在钱塘江岸修建宝塔才能镇压水患，延寿禅师便毫不犹豫地接受了吴越王的重托，在月轮山上选址，又跟着工匠们同吃同住。宝塔建好，延寿禅师以佛教规约"六和敬"之意给它起名为"六和塔"，六和塔也承载了延寿禅师一生最后的功绩。

北宋开宝七年（974），禅师自知世缘不多了，便再次回到昔日修行过的天台山，闭门谢客，专心念佛。回天台山后第二年的十二月二十六日，禅师晨起后，焚香礼佛，与僧众一一告别，结跏趺坐，安然圆寂。

钱弘俶下令在慧日永明院修建墓塔，安放永明延寿禅师的舍利，并把这里命名为永明塔院。

相传有一个僧人从临川来到钱塘，在永明院住下，每天晨起后第一件事便是绕佛塔一周，并恭敬地念佛。这样持续了一年之久。有人感到很惊奇，问他为何这样做呢。僧人回答说：自己曾得过一场大病，病中梦见自己到了冥界，见阎王殿里供奉着一幅僧人像，阎王常在像前礼拜，这才得知阎王所敬重的正是杭州的永明延寿禅师。禅师灵逝，未经冥府，已往生西方上上品……故而自己来绕塔，以表达对禅师的敬仰。

人们听了此人的话，都觉得非常惊奇，想到禅师生前所累积的难以计算的善因，才会有此福报，纪念禅师的心愈发强烈，此后每天都有很多僧人与俗人前来礼拜佛塔。

然而，令人痛心的是，永明延寿禅师塔后来遭遇过严重的破坏。

元朝至元二十七年（1290），净慈寺遭遇了一场火灾，寺庙被焚毁。后来经古田德垕、愚及至慧、方山文宝等禅师悉心策划，又重建山门，恢复旧貌。明洪武、正统两朝，净慈寺又遭到火灾，损失严重。永明延寿禅师塔也惨遭厄运。新中国成立后，政府多次组织修缮净慈寺，并重建了永明延寿禅师塔。

永明延寿禅师一生七十多年的时光与吴越国建国到纳土归宋的时期基本一致。吴越国地处中国东南，佛教盛行，宝刹众多，宝塔林立，所以被称为"东南佛国"。浓郁的佛教文化氛围，在当时不仅促进杭州经济繁荣，也使整个社会和谐，使人内心安宁，这与三代吴越国王推行佛教政策是分不开的。当然，永明延寿禅师也功不可没。

如今，在净慈寺的永明塔院内，延寿塔静静矗立，在时光中诉说着禅师精于佛法、大行善事的故事。

参考文献

施奠东主编：《西湖志》，上海古籍出版社，1995 年。

白塔岭上结翠微，
迁客诗人曾未归

史迹链接：闸口白塔位于钱塘江边白塔岭上，与六和塔遥遥相望。白塔是八角形九层实心石塔，为白石分段雕凿而成。由基座、塔身及塔刹三部分组成，通高约 14 米，逐层收分，轮廓挺拔秀丽。基座 2 层，下层雕凿山峰与海浪，象征"九山八海"，上层为高约 1 米的石砌须弥座，束腰处刻佛经，塔身有浮雕，人物形象鲜明生动。白塔始建于五代十国的吴越末期，是钱塘江的标志性建筑，1988 年被公布为全国重点文物保护单位。

闸口白塔历经千年岁月依旧巍然矗立，与之相关的故事很多，一直藏在时光深处。

一

北宋皇祐元年（1049），初夏的清晨，杭州知州范仲淹带着一名叫陈丁的差役在钱塘江岸上查看旱情。远处，衣衫褴褛的农人们正忙着挑水浇灌禾苗。眼下，这杭州城就只有江岸附近田地尚好，还有几分绿意，别处的禾苗大多枯死了。

范仲淹望了望天空，没有一丝云朵，只有一片浩瀚的蓝色。盼着老天爷下雨来拯救旱情是不现实的，只能想办法囤粮抗旱。

火红的太阳慢慢升起来了，江边的闸口白塔上反射着耀眼的白光。范仲淹想起，自己曾经还为之写过一首《过余杭白塔寺》：

> 登临江上寺，迁客特依依。
> 远水欲无际，孤舟曾未归。
> 乱峰藏好处，幽鹭得闲飞。
> 多少天真趣，遥心结翠微。

那是当时的心境，眼下绝对作不出这样的诗来。想到这里，他还是忍不住向那里眺望。

白塔矗立在白塔岭上，白塔岭因白塔而得名。白塔旁边有白塔寺，白塔岭下还有白塔桥。山川秀美，这一带都因白塔而有了灵气。

范仲淹不禁指着江边的白塔告诉陈丁："杭州城钟灵毓秀，出了那么多杰出人物。就说这白塔吧，和其他很多塔一样，都是吴越国时期留下来的。吴越国王钱镠为了杭州百姓免受战乱之苦，宁可向中原王朝俯首称臣，这是多么宽广的胸襟。钱氏三代造福一方百姓，让后人敬仰。我来这杭州城任官，若不能为百姓解决困难，就是辜负这一方福地啊！"陈丁点头，若有所思。

白塔岭下的码头上，几艘航船来来往往，把远处的货物运来，杭州的物产则被带往别处。望着那些航船，范仲淹的眉头忽然舒展了，不禁问陈丁道："现在杭州一斗米的价钱是 120 钱，和别处差不多吧？那要是米价涨到 180 钱一斗，是不是别处的米都会运到这里来了？"

陈丁听罢摇摇头说："大人，这怎么行？180钱一斗，太贵了，谁会去买？"

"我买！下令，让衙门里的官员们都去买！"范仲淹说。陈丁呆呆地看着满脸微笑的范大人，不知道他葫芦里卖的什么药，为什么大人忽然就高兴起来了呢？难道是因为买很贵的米，还是因为看到那座白塔了？

此后一个月里，一艘艘运米的航船纷纷从白塔边上的码头涌进城来，官府很快筹集了许多大米。然而，周边郡县听说这个消息后，卖米的航船继续涌来，市场上供大于求，米价竟然很快又跌下去，甚至比以前更便宜了。

闸口白塔

这天，陈丁扛了一袋 90 钱一斗的大米进了衙门后，抹了抹脸上的汗水，不由得笑了："范大人，今日我终于明白了您的苦心，现在，就算是贫苦人家，也多少囤积了一些米了。您怎么就想出这么好的主意呢？真是让卑职佩服到五体投地啊！"范仲淹笑道："那还是跟你一起在钱塘江边想出的办法，这也有你的功劳。"

陈丁恍然大悟："那天我还以为您是因为看到白塔才那么高兴，原来当时就预知了今天的米价啊！"抬眼望着衙门外，他仿佛看到城南的天空下树丛中那座高高矗立的白塔，还有附近码头上穿梭的航船。他想，有范大人在，杭州城百姓一定会顺利渡过旱灾的难关。

第二年，浙江多地爆发饥荒。范仲淹一边向朝廷请求支援，一边开放粮仓，用年前囤积的米救济百姓。但饥荒爆发的范围太大，仁宗皇帝也无可奈何，让范仲淹自己想办法。

赤日炎炎，继续干旱，不少百姓去龙王庙里求雨。白塔岭下的码头旁，一些衣衫褴褛的人没精打采地坐着，等着往来的人能给予一点施舍。范仲淹带着陈丁走过，便掏出怀里的一些碎银让陈丁分给他们。他站在树下只感到一阵心酸：没吃的，没收入，穷人的日子可怎么过？

望着眼前巍峨的白塔，范仲淹陷入了沉思。白塔上白石耀眼，浮雕如此精美，菩萨和佛像线条柔和、栩栩如生。佛云：众生平等。可眼下干旱，穷人心急如焚，没有饭吃，富人却在奢侈享乐，已经开始琢磨怎么过端午节了，这怎么能平等？就连白塔桥边的船只，有的只是几块舢板，有的却是如宫殿般奢华的画舫，也没个平等样啊……

范仲淹想着，一句话脱口而出："端午节搞个赛龙舟吧，通知杭州城的富户们，都出来看，都出来游玩！"陈丁瞪大了眼：范大人又要玩什么？刚刚还在担心百姓，现在怎么又有了闲情？

范仲淹继续往前走，一边又环顾白塔外的空地："你看，这里宽，官府出钱，招募老百姓来这里做龙舟。"他回头看看白塔寺，接着说："你去跟住持商议一下，灾荒年间，工价最是低廉，看能否召集民工，对寺庙进行维修扩建？同时，也要鼓励富庶人家雇用民工修建屋舍。"陈丁十分惊讶，但还是一一照办不误。

那一年，杭州的赛龙舟的规模比以往任何一年都要宏大，西湖边，钱塘江边，到处挤满了老百姓。富人们带家眷坐在水边的酒楼上，为各自喜欢的龙舟叫好，度过了愉快的时光。人多，消费也多，小贩们叫卖农产品、手工艺产品，街头艺人们表演各类杂耍，青壮年受雇扎龙舟、划龙舟，大家各得其所，多少都收获了一些银钱……以前那些质疑范仲淹的人于是恍然大悟：原来可以用这样的方式度过饥荒年！

据沈括《梦溪笔谈》记载："皇祐二年，吴中大饥，殍殣枕路。是时范文正领浙西，发粟及募民存饷，为术甚备……是岁，两浙唯杭州晏然，民不流徙，皆文正之惠也。"意思是说，北宋皇祐二年（1050），吴中发生大饥荒，饿死者的尸体遍布在道路上。当时范仲淹任杭州知州，兼领两浙西路兵马钤辖，调发官府仓库粮食，募集民间所存的钱物来赈济灾民，救荒之措施很是完备……这一年，两浙灾区唯有杭州平安无事，百姓没有流亡的，这都是范仲淹的恩惠。

以现代人的眼光来看，范仲淹在灾荒年间，有效地扩大了内需，刺激了经济，让富人有地方花钱，穷人有地方挣钱，从而实现了"杭州晏然"，这一伟大创举让人敬佩，值得铭记。

二

白塔静静矗立，钱塘江水缓缓远去，时间的车轮驶向了八十年后。

此时，南宋朝廷升杭州为临安府，并在临安府定都。临安城人口剧增，街市更加繁华，白塔岭下的码头，来往船只更多了，商人、旅客乃至游人，都比北宋时期增加了几倍。而白塔，作为一大标志性建筑，更是游人们的必到之处。

一天，一位外地秀才赴临安参加科举考试。当他乘船来到白塔桥边时，不禁被远处屹立的白塔深深地吸引。趁着天色还早，他决定先去拜谒白塔，到白塔寺上香后再进城。

绕塔而行，秀才不禁赞叹道："往日听人说，见到白塔就到了临安，果然是真的！此塔与六和塔遥相呼应，都是这钱塘江上的标志啊！"他吟起范仲淹的《过余杭白塔寺》，历史的沧桑感扑面而来。

范仲淹一生不以物喜，不以己悲，进亦忧，退亦忧，在杭州为官，让杭州城顺利度过饥荒的日子，他的功德一定会被千秋万代所铭记。这一片土地，都是他曾经走过的土地，这阵阵江风，都曾经吹动过他的衣袂，而这眼前的白塔，就是他曾经拜谒过的白塔啊……

秀才凝望着塔上的佛经，默默诵读，虔诚而专注。

遥想此塔所建年代，是吴越国时期，钱氏三代不称帝，并愿意向中原正统称臣，而眼下，金兵占领了半壁河山，都城被迫南迁……他只感到悲愤之情溢满了胸膛。

天色不早了。秀才想起应该打听一下，去科举考场往哪边走，到哪里更适合住店。他这才发现，白塔桥边来往的人很多，叫卖声不绝于耳。仔细看，除了卖吃的玩的以外，竟然还有很多叫卖地经（地图）的。一个摆书摊的小贩热情地告诉他："年轻人，这地经印得详细啊，临安城所有的风景名胜、长亭短亭、驿道客栈统统都能查到。"

秀才付了钱，便展开一张地经仔细看来，果然，那上面详细地画出了各个纵横交错的街巷，皇宫、衙门、旅店、饭馆的位置都很清楚，勾栏瓦肆等各种游玩场地尤其标注得明显。原本应该为容易找到住宿而高兴的他，此刻却不由得悲愤地叹道："大宋偏安一隅，竟然如此安于享乐！什么时候才能收复中原？！"

他回头望望白塔，想起白塔下有一面空白的墙壁，想起范仲淹为白塔写的诗，不禁悲从中来，情绪激动地问小贩借了笔墨，然后一步一步走到白塔下面，当即题下一首诗来：

> 白塔桥边卖地经，长亭短驿甚分明。
> 如何只说临安路，不数中原有几程。

几位僧人好奇地围着观看，见他写完，便从头念了一遍，又问他为何不写上标题和姓名。秀才心中的一番情绪已经宣泄，山风拂面，此时他变得冷静了，不由得提着笔凝神细想：这诗题得大胆，若是被当朝官员见了，怕是不会让我考中功名了。

秀才于是笑道："天色已晚，我还要进城，改日再来，改日再来。"说着便背了包袱，还了笔墨，乘船离去了。

诗是好诗，字也是好字！每天都吸引一些好事者前来观看，大家猜测着题诗者的来历。有人说他竟然敢讽刺朝政，也不怕被官府抓起来；也有人说此人诗写得好，针砭时弊，前途无量……可是没人认识他，只记得他似乎是北方口音。

于是，因诗被题在墙上，大家便称这首诗为《题壁》[1]，称作者为"无名氏"。

这位无名氏秀才后来去了哪里，考中还是没考中，谁也不知道，但他题于白塔上的那首诗和他忧国忧民的情怀，却传颂千百年而不衰。

三

南宋德祐二年（1276），元军占领临安，俘虏了宋恭帝。

不久，临安出了一件大事，也与白塔有关，但此白塔非彼白塔。只是人们以讹传讹，让闸口白塔也留下耻辱的阴影。不过，覆巢之下，焉有完卵，国破家亡之时，一山一水，一草一木，哪里又没被屈辱的血泪浸透？何况是颇富传奇色彩的闸口白塔！

元世祖忽必烈任用杨琏真加掌管江南佛教事务，很多知情者都暗暗叫苦。杨琏真加是一个丧尽天良的恶棍，为了敛财，带着一帮穷凶极恶之徒做了盗墓贼。他们明目张胆地挖掘宋六陵，盗窃各种稀世珍宝，又把南宋皇帝们的尸骸收集到一处，叫嚣着要"镇压王气"。

杨琏真加命令属下在埋葬尸骸的地方修了一座高塔，起名为"镇南塔"，因塔的形状如同一个瓶子，也被称作"一瓶塔"，又因为塔身用石灰涂成白色，人们也称之为"白塔"。那个时代，这座塔带给人们的是屈辱和愤恨，很少有人去那附近游玩，倒是因为同样名为"白塔"，闸口白塔吸引了更多的人前去"借塔抒怀"，凭吊故国。

然而，老百姓并不知道，杨琏真加也不知道，一位叫唐珏的义士早已经趁着夜色带走了南宋皇帝们的尸骸，白色的"一瓶塔"下所埋葬的不过是一些动物的骨头。

后来，起兵反元的张士诚顺应民心，带兵把镇南塔毁掉了。但镇南塔留给人们的创伤还在，人们游览闸口白塔时也一样寄托了别样的情怀。漫漫时光里，不少人分不清闸口白塔和已经倒掉的镇南塔，逐渐把两者混为一谈。

1930 年，著名建筑学家梁思成携妻子林徽因来到杭州，对闸口白塔做了详细的测绘和研究，后来还写成了《浙江杭县闸口白塔及灵隐寺双石塔》一文。他认为，白塔是"晚唐五代至宋初南方以至全国此类石塔的经典之作"，是现存的五代吴越末期仿木构塔中最精美、最真实、最典型的一座。

闸口白塔是与雷峰塔、六和塔、保俶塔齐名的杭州四大古塔。它还藏着很多故事，期待后人去发掘。

参考文献

1.〔宋〕沈括:《梦溪笔谈》,岳麓书社,1998 年。

2.施奠东主编:《西湖志》,上海古籍出版社,1995 年。

3.《雍正浙江通志》卷二百二十七《寺观二·余杭县》"显圣寺"条,文渊阁《四库全书》本。

烟雨塔影

HANG

ZHOU

高丽王子求佛法，
转轮藏塔存经文

史迹链接：高丽寺转轮藏塔位于杭州市西湖区赤山埠和玉岑山之间，是一座能转动的木制宝塔，通身由楠木雕刻而成，且用金箔装饰，共四层，五重檐，高 13.5 米，是国内最大的转轮藏塔，一至三层内置佛经与佛像，顶层为传统宋式天宫楼阁，通体镂雕天龙飞天护持佛经与佛法，整体按照宋式小木作法精雕而成。塔底层四面各设置一柄推手，可以通过推手推动轮藏，使其围绕主轴旋转。轮藏是寺院用于藏放经卷的地方，有推一圈与诵读经藏无异的特殊含义。该塔始建于五代吴越国时期，元末毁于战火，明朝万历年间复建，清末又遭到毁坏。现存的转轮藏塔建于 2007 年。

月光给远处繁密的树影罩上了一层淡淡的银光，码头上只有海水轻吻沙滩的声音。远处传来阵阵马蹄声，很快，那位身着平民服饰的王子义天跳下马来，紧接着，他一个健步，又跳上了航船。随从们也快速下马，忙碌地搬动行李，陆续跟着也上了船。那些行李，多半都是义天平日里在高丽国买下的各类经书，他要带着这些经书去大宋研习。

船桨拍打着海水，航船缓缓前行。义天站在船头回首遥望，高丽国的轮廓渐渐后退，成了天边的一片暗影。他似乎听到大队人马奔跑的声音，远远地还看到一点点火把的光亮，料想可能是王兄派人来追他了。此时，他们大约已经看了他留下的信件，知道他已经乘坐大宋国的商船离开高丽国了。他们一直舍不得让他去那么远的地方，从小便告诫他只有待在王宫里才是最安全的。

然而，义天怎么会只考虑个人的安危呢？他从小颇具佛性，自十一岁那年受王命出家后，他就阅读了大宋国的许多佛经，还发下宏愿要传播佛法，解救苍生。这次他终于有机会离开王宫了，那些追兵们即使到了码头，也无法追上他了……义天沐风而立，双眼微闭，终于可以去追寻梦想了。

过了这片海域，或许眼前就会出现大宋那"千里莺

〔明〕孙枝《高丽寺》

"啼绿映红"的胜景了，那里佛音渺渺，钟声悠长，他一定能在那里参透佛法，大彻大悟……

然而，就这样离开，母后一定会忧心忡忡，还会伤心落泪吧？想到这里，义天的心里笼上了些许惆怅，他只觉得海浪声声不停地撞击着心坎，让人难以平静。

来到大宋，义天受到十分热情的接待。义天对皇帝讲明来意，希望跟随净源法师学习佛法。

大宋朝堂上，天子与文武百官面面相觑，他们这才惊讶地发现，原来杭州净源法师的名气已经享誉海外了，这可真是不得了的大喜事啊！

大宋天子惊喜之余，便下令专门派人护送邻国王子义天到杭州，让他跟随净源法师研习《华严经》。

护送义天的钦差来到杭州，便和地方官商议，此事有关大宋国的颜面以及与友邦的亲密交好，必须选择条件好的地方让义天王子安心住下，还要有清幽不被打扰的环境供净源法师讲经。杭州的官员再三比较，便把依山傍水的慧因寺开辟出来，并拨款在此修建了"华严宗七祖堂"。

义天十分感动，虽然贵为王子，依然以虔诚之心向净源法师执弟子礼，"礼足席下，坐则侍侧"，孜孜以求，早晚悉心听取教诲。净源禅师耐心讲解佛经，言传身教，诲人不倦。

别处的僧人听说此事后，也赶到慧因寺来研习《华严经》。由此，慧因寺确立了"华严第一道场"的地位。

　　慧因寺古木森森，环境清幽。义天远渡重洋来到这里，却宛若回到了故园。他专注地研习《华严经》，闲暇时常去的地方则是慧因寺的转轮藏塔前。转轮藏塔是寺里用来收藏经书的，容量很大，相当于一个能转动的大书架。义天携带的七千五百多卷佛经也大多珍藏于此。净源禅师告诉义天："能识字的人不多，即使能识字，要读完这么多经书也非常困难，前人就设计了这个转轮藏塔，梁代傅大士说，'有能信心推之一匝，则与诵经其功正等。有能旋转不计数者，所获功德即与读诵一大藏经正等无异'，故而常有人来推动轮藏。"

　　唐朝末年，战乱频仍，唐武宗时期还有灭佛的举动，所以国内各个寺庙里的《华严经》遗失很多，幸好高丽国保存着隋唐时候传入的佛经。义天随身携带而来的佛经，无异于雪中送炭，让杭州各大寺庙的僧人们十分感动和感激。

　　义天常来转轮藏塔阅读经书，一边喃喃诵读，一边推动转轮，他觉得身体轻盈，澄心如水，天地似与轮藏在一起转动，而周遭仿佛有莲花开落……他沉浸于这种奇妙的感觉中，舍不得离开。

　　一年以后，大宋朝廷收到高丽国王的来信，说高丽国上上下下都盼着义天回国，尤其是义天的母后，常常向着大宋的方向凝望，思念儿子，整日以泪洗面。

　　朝廷赶紧派人把这封信送到杭州。

　　义天惦记母后，便离开杭州北上，打算从大宋京城返回故乡，顺道去叩谢天子。归去路途迢迢，他特意邀请净源法师同舟赴京，一路上继续谦逊求教。

高丽寺转轮藏塔

　　义天回到高丽国后，致力于著书立说，先后完成《新编诸宗教藏总录》《大觉国师文集》等著作，孜孜不倦地把在杭州所学的知识传播到高丽国。

　　义天常常想起净源法师的谆谆教诲，惦记着杭州僧众的深情厚谊。虽然隔着深深的海峡，但他在海边凝望大宋的方向时，眼前总是会浮现转轮藏塔转动的情景，他仿佛还看到了净源法师慈祥的背影。

　　北宋元祐二年（1087），义天再次跨越重洋，来到杭州，向慧因寺赠送经书，还赠予了修建经阁的经费。

义天此次来到杭州，比上一次的声势更加浩大，引起杭州民众的关注。人们对这个情意深重的异邦王子给予了很高的评价。自此，人们便称"慧因寺"为"慧因高丽寺"。义天送来的佛经再次被存放到转轮藏塔里，因为藏经颇多，吸引了众多的僧人，就连普通民众对转轮藏塔也产生了浓厚的兴趣，一有机会，人们就会去转上几转。

净源法师圆寂后，北宋元祐四年（1089），义天以祭奠净源法师为由，给大宋朝廷进献了两座金塔。此时，苏轼正担任杭州知州，他向皇帝进言："外夷不可使屡入中国，以疏边防，金塔宜却弗受。"宋哲宗听取了苏轼的建议，没有收下金塔。但这并不影响慧因寺被全国上下密切关注，自然，也没有影响到慧因寺在高丽国的特殊地位。

那以后，高丽国一直和慧因寺有频繁的交流。元朝延祐四年（1317），高丽国的沈王还奉诏来慧因高丽寺进香。明朝中期，不少寺庙遭到破坏，但慧因高丽寺或许因为承载着与高丽国之间的深厚友谊，一直备受关注，保持了旺盛的香火。

直到明朝万历年间，慧因高丽寺的院落因年久失修，逐渐颓圮，僧人如通募集资金重新修建了寺庙，使得寺庙盛况依然，香客不断。

明末清初的文学家张岱曾经在《西湖梦寻》中如此描写慧因高丽寺的转轮藏塔："余少时从先宜人至寺烧香，出钱三百，命舆人推转轮藏，轮转呀呀，如鼓吹初作，后旋转熟滑，藏转如飞，推者莫及。"大意是，幼年时候，我跟随母亲到寺里烧香，拿出三百钱作为香火钱，让仆役推动转轮，转轮缓缓转动，发出呀呀的声响，转轮越转越快，仆役原本推着转轮转，但此时已经跟不上它转动的速度了。

在历史滚滚的车轮中，总有一些人、事、物不会被人忘记。时至今日，依然有无数人如同张岱一样，心中有着一座转轮藏塔在不停转动。那呀呀的转动声，仿佛在讲述着义天和净源法师的故事。

参考文献

1.〔宋〕释志磐：《佛祖统纪》，和刻本。

2.〔明〕张岱：《西湖梦寻》，贵州人民出版社，2020 年。

3.〔明〕李鼐：《玉岑山慧因高丽华严教寺志》，《武林掌故丛书》本。

天爱禅心圆且洁，
故添明月伴清光

辩才法师墓塔位于杭州风篁岭，几经损毁，几经重建，它见证了辩才法师充满传奇色彩的一生。

北宋元祐七年（1092）五月，扬州城的知州衙门口站着一位远道而来、风尘仆仆的僧人，他满脸疲惫，但目光里透着从容与坚定。他向衙役们递过一封书信，说师父已经圆寂，希望能面见苏大人。衙役不敢怠慢，赶紧带着书信去通报。

僧人的法号叫惟楚[1]，是辩才法师的徒弟，从杭州来。

苏轼快步迎出，一见到惟楚，眼泪已经模糊了双眼，许久说不出话来。惟楚恭敬地说明来意，弟子们要给师父修一座墓塔，还要把师父留下的物件设置一个纪念堂，

①据《苏轼文集编年笺注》，疑作"怀楚"。另可参见苏轼《书若逵所书经后》文和《咸淳临安志·龙井延恩衍庆院》记文。待考。

烟雨塔影 HANG ZHOU

058

恳请苏大人为那封曾经给辩才法师的书信写上题跋。

辩才法师俗姓徐，法名元净，杭州於潜人。十岁出家，十六岁剃度受具足戒，十八岁起先后跟随慈云法师、明智韶师等名师学习，专注地研究天台教义，因勤奋好学、博闻强识，很快脱颖而出，年纪轻轻就名震吴越。二十五岁那年，宋神宗也听说了他的道行，特意赏赐紫衣袈裟给他，还赐法号"辩才"。他曾代替明智韶师讲法十五年，还在天竺寺设立"夜讲坛"，为众生讲习佛法，深得杭州人的景仰。

辩才法师晚年隐居在龙井山上，种下很多茶树。这些茶树长得枝繁叶茂，每一片叶子都绿得发亮。辩才法师带着弟子们采茶、制茶、煮茶，茶汤清澈，香飘千里，吸引了很多文人雅士。在中国茶文化中，辩才法师独占浓墨重彩的一笔，后世人尊称他为"龙井茶鼻祖"。

苏轼曾经两次在杭州任职，一次任通判，一次任知

老龙井辩才亭

州，与辩才法师年龄相差二十余岁，但非常投缘，两人相交甚密。辩才法师面容清瘦，精神矍铄，颇具仙风道骨。两人常常在一起煮茶论道，吟诗唱和，闲暇时还去游览山中美景。

苏轼向来尊敬辩才法师，说他虽然不钻研诗文，但他的诗文就像微风吹过水面，自成纹理，还带着禅意。那时候，苏轼一直保存着辩才法师所赠的诗稿《龙井新亭初成诗呈府帅苏翰林》①。

有一年夏天的晚上，杭州城风雨大作，雷电交加。次日，苏轼来到风篁岭上，看到辩才法师的禅房外有两棵松树被大风折断，深感可惜。辩才法师告诉苏轼，自己因这折断的松树而得两句："龙枝已逐风雷变，减却虚窗半日凉。"苏轼环顾房内，笑道："我帮你续上两句：天爱禅心圆且洁，故添明月伴清光。"两人相视而笑。

他俩相谈甚欢，经常忽略天色已晚。有一次，辩才法师送苏轼下山，一边走，一边谈论关于儒释道的见解，竟忘记自己"送客不过虎溪桥"的规定，直到随行的弟子委婉提醒，辩才法师才发现早已走过虎溪桥了，便自我解嘲地念出杜甫的诗句："与子成二老，来往亦风流。"他们不禁开怀大笑。

想到这里，苏轼不禁叹了口气。昔日的忘年交，如今却阴阳相隔，那样的时光一去不复返了。他把惟楚带到屋内，还让衙役煮了一壶茶。苏轼告诉惟楚："这茶还是去年法师送我的明前茶……法师在龙井山上种的茶实在是与别处不一样啊！"惟楚睹物思人，恻然无语。

苏轼向惟楚详细地询问了辩才法师圆寂时的情况，还了解到坟墓所在的位置。只是如今在扬州公务繁忙，

①《全宋诗》诗题作《龙井新亭》。

也不知什么时候能到杭州祭拜。苏轼来到案前铺开纸，提笔写下题跋："轼平生与辩才道眼相照之外，缘契冥符者多矣。始以五年九月三十日入山，相对终日，留此数纸。明年是日在颍州作书与之，有'少留山中勿便归安养'之语，而师实以是日化去……"又写了祭奠的谒语："虽大法师，自戒定通。律无持破，垢净皆空。讲无辩讷，事理皆融。如不动山，如常撞钟。如一月水，如万窍风。八十一年，生虽有终。遇物而应，施则无穷……"

"施则无穷"，苏轼看着自己刚写的这几个字，蓦然想起一件往事来。那一年在杭州，次子苏迨已经四岁，体弱多病，还不能走路，苏轼到处请大夫，找各种秘方，让孩子喝下很多汤药，却也无济于事。苏轼很着急，每次看到别的孩子在路上跑跳，就倍感煎熬，他向辩才法师提及此事。法师淡然地说："改日你把他抱来我看看。"

苏轼等不及，立刻命随从去抱来苏迨。

苏轼与辩才像

辩才法师打量着苏迨，慢慢地为他摩顶祈福，又为他按摩全身治疗，起初孩子很抵触，到后来却十分享受地趴在辩才法师的腿上，仿佛睡着了一般。过了许久，苏迨醒来，自己从辩才法师的腿上滑下来，又蹒跚地走到父亲苏轼跟前。在场的人简直不敢相信自己的眼睛，苏轼更是喜极而泣，带着孩子就要叩拜辩才法师。

那以后，苏迨就会走路了。

为此，苏轼还写过一首诗来叙述此事，字里行间都是对法师的感激之情："我有长头儿，角颊峙犀玉。四岁不知行，抱负烦背腹。师来为摩顶，起走趁奔鹿。……"

辩才法师不仅为苏迨治病，也为很多穷苦人家的孩子治过病。有一年，秀州（今浙江嘉兴）发生瘟疫，辩才法师还派弟子送去很多草药，让众人熬成汤剂服下，使得瘟疫没有向周围地区蔓延。

想到这里，苏轼叹道："辩才法师应该被人们铭记啊！"他把刚写好的题跋交给惟楚，又铺开了另一张纸。他沉思片刻，给弟弟苏辙写了一封信，讲述了自己与辩才法师的友谊，希望弟弟为辩才法师的墓塔写一则碑铭，然后送往杭州。

这一年十月，辩才法师的弟子们在龙井山上立下墓塔，上面刻有苏辙写的《龙井辩才法师塔碑》："浙江之西，有大法师，号辩才。以佛法化人，心具定慧，学具禅律……"塔碑详细地叙述了辩才法师的生平与事迹。弟子们肃然立于墓塔前，默念起这些文字，辩才法师的音容仿佛又在眼前……

斗转星移，一千年光阴无声地走过。现在的风篁岭上矗立着的辩才法师墓塔，是 2003 年重建的，几乎每天都有游人来到这里凭吊辩才法师，来探寻他在茶道、佛法和文坛上都独具一格的故事。

参考文献

1. 施奠东主编：《西湖志》，上海古籍出版社，1995 年。

2. 〔宋〕苏轼：《苏轼文集编年笺注》，李之亮笺注，巴蜀书社，2011 年。

3. 〔宋〕苏轼撰，〔清〕王文诰辑注：《苏轼诗集》，孔凡礼点校，中华书局，1982 年。

4. 〔宋〕苏辙：《龙井辩才法师塔碑》，载《栾城集》，曾枣庄、马德富校点，上海古籍出版社，1987 年。

蜜山水空石罅中，
和尚协作兴佛风

史迹链接：蜜山①骨塔，位于杭州市淳安县千岛湖的蜜山岛上，是明代蜜山庵僧人圆寂后殓骨之所。其由三座骨塔组成，都是六面柱状石结构，三座塔呈"品"字形分布在正方形塔基之上，中间的骨塔稍大，通高2.03米，塔刹高0.82米，两座副塔大小相同，通高1.6米，塔刹高0.64米。塔刹都为葫芦形攒尖顶，塔檐均有稍微起翘的六翼角，塔身均为六块茶园石砌成。三座骨塔造形简朴美观。1985年被公布为淳安县县级文物保护单位。在骨塔西北侧约10米处，还有两座后建的僧墓。一座是立碑于清嘉庆五年（1800）十月的通净和尚墓，额题"蜜山僧墓"，中间直书"现恩师通净和尚"，落款"孝徒觉成、万成全百拜立"。另一墓葬的墓碑字迹不清。

旭日初升，整个山林被笼罩在淡淡的金光之中。僧人智通此时正走在荆棘丛生的山间小路上，尽管已经满头大汗，但他笃定的脚步并没有停止过。他时而抬头仰望山顶，时而凝神细听，目光所到之处，唯有一片林木莽莽榛榛。然而，他仿佛听到古寺的钟声，还有悠悠的佛音。他来到小溪边，掬了一捧水喝下，又擦擦额头上的汗，顿时感到神清气爽，精神也为之一振。

①蜜山，一作密山。

自从告别师父，踏上云游的路途，他饱尝了长途跋涉的艰辛，但丝毫也不后悔。他一边在路上参悟佛法，一边打算寻找一处满意的寺庙长住。

一日，他在山下化缘，遇见一位拄着拐杖的白发老人。老人问他是否从蜜山下来，他摇摇头，说自己并不知道蜜山在哪里。老人便往他身后指了指最高处的山峰，微笑着告诉他："喏，那就是蜜山，蜜山庵就在那山顶上。"智通扭头望着那白云深处的山峰，只看见一角微微翘起的飞檐。他心里一动，虽未见到寺庙全景，但已心向往之。

老人接着问："你知道三个和尚没水吃的故事吗？"智通茫然地再次摇头。老人拈须笑道："看来你这小和尚果然是远道而来啊！相传很久以前，那山上有个马石庙，只有一个和尚，每天清晨要到山下来挑水吃，虽然往返一次要花很多时间，很辛苦，却也把庙里的事务打理得井井有条。不久，来了第二个和尚，两人凡事商量着做，每天到山下抬水，往返两次，水刚够用，两人还

复建于 20 世纪 90 年代的蜜山禅寺（旧称蜜山庵）

可以把庙里打扫得干干净净。后来，又来了第三个和尚，三人互相推诿，都不想做事，连水也没人挑了。可惜啊，庙里的香火就一天天黯淡了下去……"

智通听了很诧异，竟有这样的事情，俗话说，"三个臭皮匠，顶个诸葛亮"，人多了，事情反而办不好了，这是什么道理？

他问老人："后来呢？"

"后来的事啊，多亏了神仙帮忙。据说，铁拐李路过此处，生气地斥责他们之后，就在那最厚的石缝里凿了个泉眼，泉水汩汩往外冒，甘洌爽口，就像蜜一样甜。和尚们不用下山挑水了，因为有这如蜜一样甜的泉水，人们就把这山称作蜜山了，马石庙也改成了蜜山庵。"

"蜜山庵？真是好名字啊！"智通托着腮，听得十分专注，他不禁好奇地接着问道，"那，再后来呢？"

"你这小和尚问题还挺多。我还是当年为求佛祖保佑母亲平安而去过庙里，如今，母亲已经仙逝二十年有余了。我也不知庙里是什么样子呢。你可以自己去看看。"白发老人笑道。

智通在老人家中借宿一晚后，没等天亮就跟老人告辞，往山顶出发了。山路崎岖，有几个地方甚至连像样的路也没有。智通想，下山挑水确实很辛苦啊，幸好有了蜜泉。但是，那些到山上拜佛的香客们还是很辛苦啊，要走到山上得费好多工夫，要是能修一条铺满石阶的路就好了。

终于，临近中午的时候，智通到达了蜜山庵。

寺庙很小，总共只有两名僧人。他想：自己加上他俩，又是三个和尚，万不可再次上演那"三个和尚没水吃"的一幕了，不管有没有神仙铁拐李帮忙凿出蜜山泉的事，自己也要做一个能吃苦耐劳的僧人，起码也不能辜负这么好的山水啊！

智通留了下来，每天起床后便去蜜山泉挑水，然后把庵里打扫得干干净净，再打坐、诵经、参悟佛法。日复一日，智通从没有一天懈怠过。时间长了，他已经深得另外两位僧人的敬重。

又到春暖花开的时节了，蜜山上各种树木抽出了新芽，野花遍地。智通一直惦记着上山的道路，他告诉另外两位僧人："我想把通往山下的小路修成石板路。两位师兄意下如何？"这是一个很大的工程，但他已经想好了，后山有岩石，自己曾经学过石匠，如果三人齐心协力，用上三五年时间，就可以把这条路全部铺上石板，这样，香客们上山就容易了，庵里的香火就会旺起来。两位僧人被他的赤诚之心打动，都说愿意听他的安排。

于是，智通带着另外两位僧人，开始凿石铺路。智通特意讲起"三个和尚没水吃"的故事，希望三人团结合作，绝不推诿。他是这样说的，凡事也是这样做的。他教两位僧人开采石头，用大锤和铁钎把石块从崖上凿下来，又用錾子凿平后，一块一块抬到小路上铺好……

开采石头的时候，他们无意中打开了三处淹没在荒草之中的坟墓，没有墓碑，也没有任何随葬物品。智通与两位师兄商量，认为这三处坟墓很可能就葬着人们传说中的"三个和尚"。他们决定，要好好安葬他们的骨殖。于是，就用开采出的石头砌了三座骨塔。

　　他们修路的事让山下的百姓很感动。趁着农闲时候，百姓们也来帮忙，还把自家房前屋后没有派上用场的石头也抬到山上来，说是要物尽其用。慢慢地，帮忙的人多了，石板路很快建成，上山的人渐渐多了起来。

　　蜜山庵的名声越来越大，蜜山也成了一处游览胜地。来自各地的人们经过石板路，或进香礼佛，或探幽览胜。想到此地的过往，人们都夸赞山里的三个和尚做了一件大好事。

　　人们意外地发现，蜜山的石板路台阶总共有八百级。八百是个吉利的数字，传说中的彭祖就活了八百岁，这八百级石阶，不正寄托着人们平安长寿的美好愿望吗？

　　有了这个数字的巧合，到蜜山的游客更多了。人们走在石阶上，想起从前这里的荒芜，总是感慨万千。到了山顶，也总会到蜜山骨塔旁边祭奠和反思。回去后，还会把自己在蜜山上的感悟告诉自己的子孙，希望他们不惧怕困难，做事情的时候，要多与他人合作，同心协力地把事情做好。

　　智通在蜜山上度过了余生。

　　最后的岁月里，他告诉弟子们，等自己圆寂后，就把他安葬在骨塔旁边。他觉得此生最正确的决定就是来到了蜜山。

　　明代吴希哲写有蜜山庵诗：

　　　　远空四纳入高冈，银海澄澄眺欲茫。
　　　　旭挂峰头先弄晓，烟深镜面半浮光。
　　　　衲衣闲却连云卧，茗碗倾来带露香。

最是金鸦相望处，钟声夜夜到虚堂。

这首诗描述的正是蜜山的胜景。时至今日，蜜山依然是旅游胜地，来自四面八方的游客，总会来到蜜山骨塔前，在清风中凝视着那坚固的石板，想起"三个和尚"的故事，以及关于智通的传说。

参考文献

1.《淳安县志（1986—2005）》编纂委员会编：《淳安县志（1986—2005）》，浙江人民出版社，2014年。

2.淳安县民政局、淳安县地名委员会办公室编：《淳安县地名志》，2017年。

3.马时雍：《杭州的寺院教堂（第二版）》，杭州出版社，2013年。

4.《淳安县文化志》编委会编：《淳安县文化志》，浙江工商大学出版社，2016年。

第二辑

纪念塔

功臣山顶功臣塔，
百世流芳吴越王

史迹链接： 功臣塔位于杭州市临安区功臣山顶，因山而得名，始建于五代后梁贞明元年（915）。砖结构，四面五层，呈唐代遗风，仿木构建筑形式，由基座、塔身、塔刹组成，通高 25.12 米。基座直接砌在岩石上，边长 5.36 米，高 0.44 米。中心原有地宫，凿石而成。塔身五层，高 22.06 米。每层每面正中辟门洞，各层叠涩出檐，一至四层门道两侧相对设龛，顶部饰斗八藻井。塔顶四坡，上有铁铸塔刹，高 2.62 米。刹上圆木刹竿，长 5.6 米，由上下两层交叉梁承托，梁端插入内壁转角。塔内现状为上下直通。1982 年政府组织维修时，曾于塔身内外发现卯孔，内存被焚烧过的木构残件。功臣塔是唐、五代方形塔的代表，2001 年被公布为全国重点文物保护单位。

峰头石塔表功臣，五百年前是佛身。
莫问蓬莱水清浅，野藤犹蔓劫余春。

元代张昱的这首《临安访古十首·功臣塔》，寥寥二十八字，却抒写出他游览功臣塔时的万千感慨。

时间回到唐天复二年（902）的秋天。这是一个风和日丽的晌午，临安城的功臣山呈现出一片热闹繁华的景象。石头上、钓鱼台前、大树的枝丫上，都被士兵们披上华丽的锦衣，在阳光的映照下，整座山显得光彩夺目、亮丽非凡。

人们早就知道，钱王今天要回来啦！沿途的山路上，早已经挤满了来看热闹的乡亲们。大家伸长脖子，翘首企盼，有人还不时地凝神细听。终于，那喜庆的音乐声从远处隐隐约约地传来了。

一位拄着拐杖的白发老人，抬起衣袖拭了拭眼角，仿佛要把眼睛擦亮才能看得更分明一些。他絮絮叨叨地告诉身旁的小孩子们："这个钱婆留可不得了，他出生的时候，我们这一片的山都被红光罩着，大家都说，怕是有星宿下凡……"

小孩们个个仰着脸笑，有个孩子忍不住打断了老人："爷爷，你都讲过几十遍了。他生下来太丑，差点被爹

临安功臣塔

娘丢到井里，就是他家婆婆把他留住了，所以叫他钱婆留。"另一个孩子接着说："那口婆留井，已经被盖上锦衣了。"白发老人看着孩子们，个个口齿伶俐，比自己说得还要明白，不禁慈祥地笑道："等下可不许乱说话了。"

这里是钱镠的出生地。不久前，这座功臣山还叫大官山，这一片地都叫衣锦营。钱镠战功显赫，俘获朝廷的劲敌董昌以后，两浙吏民向皇帝上万人请愿书，请求让他兼领浙东。唐昭宗不得已，便任命钱镠为镇海、镇东军两镇节度使，然后又加封钱镠为越王。唐昭宗对钱镠的赏赐十分丰厚，还下诏将钱镠的家乡"衣锦营"升为"衣锦城"，将钱镠的出生地"大官山"改名为"功臣山"，以此表达对钱镠的器重与赏识。

钱镠总爱把皇上的赏赐分给作战勇猛的将士，还常常说："如果没有将士们舍生忘死，我一个人，有天大的本事也打不了那么多胜仗，将士们才是真正的功臣啊！"大家都很感动，对钱镠更加信服，一遇战事，总能杀得敌人落花流水。

钱镠也常常对身边的将士说："富贵而不归乡，犹如衣锦夜行。"立下战功后荣归故里，这是他多年来的愿望。

长期南征北战，也曾数次经过家乡，却因战事吃紧，无法停留，眼下终于结束了一场又一场恶战，打败了一个又一个劲敌，钱镠可谓功成名就，也略有闲暇。现在能够荣归故里了，钱镠心中自然是激情澎湃，感慨万千。

前些日子，钱镠早已经安排部下去布置功臣山，但看到眼前的华丽景象时，他还是吃了一惊。这哪里是昔日的大官山，分明就是一个披着锦绣的大宫殿。道路两旁依次站着军队、仪仗队、文武百官，各种音乐声不绝于耳，庄严、隆重、气派，当然，这些也正是他想要的效果。

钱镠缓缓地从马车里下来，所有人都整齐地向他行礼、问候，声音响彻云霄，十分壮观。钱镠十分满意，一边挥手向他们致意，一边沿着山路徐徐往上走。

这天的功臣山上，烹羊宰牛，比过年还热闹。钱镠祭拜了祖先，就大摆筵席宴请乡邻。钱镠十分尊重老人，凡是八十岁以上的乡亲，都给他们赏赐金樽来饮酒。老人们从来没有得到过这样的礼遇，都万分激动，个个颤颤巍巍地过来与钱镠干杯，祝福他健康长寿，继续建功立业。

钱镠兴致很高，端着酒杯，即兴吟诗道：

> 三节还乡兮挂锦衣，碧天朗朗兮爱日晖。
> 功成道上兮列旌旗，父老远来兮相追随。
> 家山乡眷兮会时稀，今朝设宴兮觥散飞。
> 斗牛无孛兮民无欺，吴越一王兮驷马归。

钱镠在众人的叫好声中抬眼环顾四周，不禁激情满怀地说道："皇恩浩荡，陛下称我是功臣，故而把这大官山改名为功臣山，其实，在我心里，帮我打胜仗的将士们才是功臣。我要在这功臣山上，修建一座功臣堂，挂上将军们的画像，就像凌烟阁那样。"众人先是一愣，很快便爆发出热烈的欢呼声。

一切，都和钱镠计划的一样。功臣山上，很快修建了一座华丽的功臣堂。它轩敞气派，在功臣山下就可以望见它的飞檐斗拱。钱镠让画师描绘出阮结、顾全武等几位将士的画像，并一一挂在功臣堂的墙上。每次到功臣堂里，钱镠便会凝望着画像出神，有时候也会对属下们讲述这些功臣的故事，赞叹功臣们的忠诚与勇猛。

钱镠对爱将们的深情厚谊令在场的听者为之动容。

然而，没过多久，钱镠对功臣堂的兴致就减弱了，觉得这里并不能彰显功臣们的卓著功勋。有一次，他带领人马赶往前线，不经意间回望功臣山，山上树木苍翠，淡淡的雾气萦绕，却无法看到功臣堂的影子。钱镠不禁叹道："这个功臣堂还是不够气派，就这么被树木遮蔽了。"旁边一位将领说："这个不难，属下改日带人去把树砍了。"钱镠笑道："山上没树还叫什么山。"另一位将领说："可以修得更高啊！"钱镠一听就笑了，这个主意还不错，他勒了一下缰绳，继续往前疾驰，心里掠过一个高塔的影子来。他暗下决心，等打完这一仗，就去那里建个高塔，还要起名为"功臣塔"。

五代后梁贞明元年（915），天下初定，钱镠舍功臣堂建功臣寺，又在寺旁修建了功臣塔。此时，钱镠的心境与十多年前又有不同：那时候，他还盼着尽可能地扩大地盘；而眼下，他已步入暮年，只希望把自己的江山守得更稳固，为儿孙们奠定更坚实的基础。

功臣塔呈方形，屹立在功臣山顶，每每来到塔上，临安城全貌尽收眼底。下了山，无论在临安城哪个角落，抬望眼，也必然能看到功臣塔巍峨的身姿。

塔分为五层，单数为阳，"五"是吉祥的数字，外壁用青砖砌成塔身，底部呈四方形，往上渐收。内壁上有各种装饰，显得金碧辉煌，比同时期别的塔更坚固、更气派。

那天，钱镠就站在功臣塔下，给将士们讲起了功臣们的故事："阮结打仗有勇有谋，是难得的猛将啊，与我征讨常州，还替我挡过乱箭，后来派他攻打润州，打得对方措手不及，一举攻克了润州。苏州刺史徐约死后，三千人来投降，阮结一时没安抚妥当，竟然被降卒投入江中，受了风寒一病不起，走的时候才四十六岁，可惜啊！"说着，钱镠眼眶就湿润了，便仰头望着功臣塔，沉默了半晌，又道："希望阮结在天有灵，能看到这座功臣塔。"将士们低下了头，唏嘘不已。

钱镠环顾四周，接着又感叹道："杜稜、杜建徽父子都是我吴越国的大功臣啊！徐绾叛乱，焚烧民居，全凭建徽飞马跃进火窟，用火钩拉开燃烧的木墙，拓出了通道，援军才能解救杭城之围。"

年轻的将士们默默不语，在钱镠的感慨中，他们仿佛也置身于火海的厮杀中，像杜建徽一样，取敌人首级于马上……

"剿灭叛贼董昌，顾和尚（顾全武）的功劳最大，一次又一次地活捉董昌手下的将领，直到后来把董昌也活捉了。"说到这里，钱镠忍不住笑了，"这个顾和尚，在战场上杀人不眨眼睛，却也有一副菩萨心肠。攻下昆山城的时候，顾和尚替投降的士卒说情，求我不要杀了他们，全然忘了他们咒骂他的事情。"

说到这里，钱镠的眼前又浮现出罗隐等人的身影，他想：谁说武将才是功臣，他们也是我吴越国的有功之臣啊！武将们浴血奋战，舍生忘死，文官们出谋划策，冒死进谏，一切为了什么？不就是要讨伐逆贼，希望求得一方平安吗？怎么能忘记他们，辜负他们！

刀光剑影暗淡，鼓角争鸣远去，钱镠一次次静静地伫立在功臣塔下，有时候和将士们在一起，更多时候则是独自一人。他一次次坚定了自己的信念：要结束战争，要保境安民，让吴越大地上的百姓们能过上好日子。

事实证明，他最终是做到了，甚至做到了圆满。功臣塔见证了他为吴越国所作出的努力。他实力深厚，却从不妄自称帝，而向中原称臣。他功勋卓越，却认为部下将士才是真正的功臣。

在五代十国的纷纭战火中，这里的百姓们能远离战争的纷扰，实属不易。人们钦佩钱镠的胆识和胸怀，十分爱戴他。

功臣塔至今依然屹立在杭州市临安区功臣山顶，吴越王钱镠伟岸的身影，也依然在历史的长河里熠熠生辉。

参考文献

1.临安市地名志编纂委员会编：《临安市地名志》，方志出版社，2012年。

2.马时雍主编：《杭州的古建筑》，杭州出版社，2004年。

古蔓壁间侵塔影，
香泉石底度花阴

史迹链接：千官塔位于杭州西湖烟霞洞口，始建于五代吴越时期。它是一种窟龛刻塔，刻在岩壁上，用高浮雕或者半圆雕手法在洞窟里刻出塔的立体外形，艺术形态十分独特。此塔高约7米，八角七层，在洞壁岩石上凿出三面，为仿木阁塔式结构。塔身正面每层有五尊或七尊不等的群佛浮雕，左右两面每层刻四到五身供养人立像。塔柱有吴延爽题字，塔刹作圆雕五级小塔。以千官塔为中心，塔旁两壁凿出浅龛，龛内雕刻了数百跪地礼塔的人物，每个人物的肩侧刻有姓氏。此塔镌刻细致，是有年代可考的西湖最早的窟龛刻塔。已毁，仅存底座及龛顶部一点残迹。

　　匼匝四山合，如絮云气蒸。
　　东风何浩荡，雨势尤奔腾。
　　春泥多滑达，磴道尤凌兢。
　　拾足真蚁附，联臂同猱升。
　　佛手与象鼻，形似世所称。
　　造象始吴越，千官塔几层。

　　这首《烟霞洞》为清代缪荃孙所作，诗中所说的千官塔位于杭州西湖烟霞洞口，现已湮灭，但千官塔开创了杭州窟龛刻塔文化，在中国古塔发展史上有着重要的地位。至今，民间还流传着钱弘俶派吴延爽筑塔的传说。

清晨，马蹄嗒嗒，一辆马车正匆匆往吴越王府赶去。此时的吴延爽，正坐在马车里不时朝外打量，空气清新，花香阵阵，到处有早起的鸟雀喳喳鸣叫。但他的心情实在有点忐忑，钱王这么早传令要见他，到底是什么事呢？

就这样一路想着，终于到了吴越王府。吴延爽观察到，钱王钱弘俶正坐在堂上出神，虽未言语，但神色平和淡

摄于 1922 年的烟霞洞千官塔旧影

然。吴延爽便静静立在旁边等着。半晌，钱弘俶回过神来，温和地笑道："舅父早安，我昨夜做了个奇怪的梦，醒来便琢磨着，这是不是佛祖的暗示，故而大清早请你来帮我分析分析。"吴延爽顿时松了口气，转而又深感庆幸，钱王如此信赖自己，连做梦之事也要专门告诉自己，心中不禁一阵暗喜。

"这梦境就像真的一样，一个罗汉站在卧榻前说：'我有兄弟十八人，现在却只有六人在一起，请大王把我们聚在一起吧。'"钱王说完，便以询问的目光看着吴延爽。

吴延爽沉思片刻，拱手答道："这是吉兆啊，我吴越国俨然已成东南佛国，这神仙也来托梦请您帮忙了。"钱王说："那依你之见，这忙怎么帮？"吴延爽想了想，接着回答道："先在我吴越国境内四处查访，看哪里有世外高人隐居，如果刚好有六人，再考虑下一步怎么做。"

钱王很赞成吴延爽的说法，便叫他带人先去寻找。

烟霞洞

吴延爽不敢怠慢，立刻行动起来。他先把这个消息传出去，说要大家帮忙寻找哪里住着修行的高人。百姓们知道后大感惊奇，都说钱王大德大爱，才会做这样的梦。

几天后，有一位山民求见，说曾经见过有一位叫弥洪的高人，就在烟霞洞修行，弥洪说遇到过神仙，还说南高峰的山里有佛。

吴延爽赶紧带人去查找。他们来到南高峰西侧，只见古木参天，到处郁郁葱葱，溪涧缓缓流淌，青苔密布石上，到处一片清幽宁静的气象，不禁连连称赞："这真是神仙都会喜欢的好地方啊！"

然而，弥洪已经圆寂，曾经读过的佛经还放在烟霞洞口。吴延爽派士兵进洞去察看，士兵们惊讶地发现，洞里竟然还有罗汉像，总共是六尊。吴延爽非常高兴，觉得这个数字可不就暗合了钱王的梦境吗？

他把发现罗汉像的事汇报给钱王，自然没有忘记大肆渲染，还说在烟霞洞里再塑上十二尊罗汉，就刚刚好。

钱弘俶十分高兴，真的是罗汉托梦给自己！他便也去烟霞洞仔细察看洞里的罗汉，觉得每一尊都和自己梦里见过的罗汉有些相像。那就再塑十二尊吧，让十八罗汉在此地相聚吧。他命令吴延爽去办理此事，吴延爽欣然受命。

很快，百姓们都听说了这件事，整个吴越国的大街小巷就像沸腾了一般。吴越国的百姓和大小官员们都坐不住了，纷纷赶赴烟霞洞，只为一睹给钱王托梦的罗汉的神韵，原本幽寂的烟霞洞一下子就热闹了起来。

吴延爽看到人们如此激动、喜悦，忽然想起曾经读过的佛经上有一段话："若善男子善女人，以清净心，依此轨仪，造作佛塔……于此一生，不为一切毒药所中……一切鬼神不敢逼近……一切怨家悉皆退散……一切众生见皆欢喜。"[1]现在，众生如此欢喜，为何不借此机会造一座佛塔？一则为自己消除孽障，二则为众生求得平安，当然最重要的是，钱王会因此而更加信赖自己。

吴延爽把这想法告诉钱王，钱王果然大喜过望，激动地说："我吴越国百姓天性善良，此后到烟霞洞拜谒十八罗汉，也能以恭敬之心礼塔敬塔，从而累积深厚的福缘。就在洞口造一座纪念塔吧，纪念我吴越国百千将士的功德。"

① 语出《佛说造塔延命功德经》。

烟霞洞弥勒造像

很快，吴延爽便安排能工巧匠，在烟霞洞里塑罗汉像，还由众位官员筹措资金，在洞口建造了一座千官塔。

千官塔是浮雕塔，也叫窟龛刻塔，洞壁岩石上有三面，高七层，每层都刻有供养人的立像，十分精致。塔旁边的左右两壁上还列有数百人像，衣冠整齐肃穆，作恭敬礼塔的样子。他们的肩膀上刻着捐钱者的姓氏。吴延爽的题字刻在第五层的塔柱上。

后来，千官塔吸引了无数游人，其中不乏文人墨客。清朝时候，有一位诗人来到烟霞洞游玩，见到千官塔，细细瞻仰之后，还写下了诗句：

古蔓壁间侵塔影，香泉石底度花阴。
春光总是山中好，禊事何须水畔寻？

可惜的是，千官塔后来被毁掉了，人们只能从上个世纪存留下来的一些照片上看见它的样子。

参考文献

1.〔清〕缪荃孙：《艺风堂诗存》，《清代诗文集汇编》第 756 册，上海古籍出版社，2010 年。

2.〔明〕田汝成：《西湖游览志》，上海古籍出版社，1998 年。

3.〔清〕吴任臣：《十国春秋》，徐敏霞、周莹点校，中华书局，2010 年。

桐君塔影中流见，
仲淹教子几度闻

史迹链接： 桐君塔位于桐庐县天目溪与富春江交汇处的桐君山顶，六面七层，为实心楼阁式砖塔，通高 17.7 米，底层每面阔 1.64 米，高 2.53 米，自二层以上高度逐级减缩。每层以棱牙叠涩法出檐，六个檐角翘起，塔面相间砌佛龛一个，内置佛像。整座塔秀丽纤巧，简洁挺拔，立于山顶，鸟瞰两江。该塔始建年代已经无考，南宋景定元年（1260）重建，明正德年间毁于雷电，隆庆元年（1567）知县董仕祯主持重建。1981 年，当地政府维修并修建了平台与石栏。1983 年，桐君塔被公布为桐庐县县级文物保护单位，也是目前桐庐县仅存的古塔。

①睦州，隋仁寿三年（603）置，初治新安（今淳安威坪镇），武周万岁通天初移治建德梅城。范仲淹笔下的"桐庐郡"即睦州（后改严州），辖境相当于今浙江建德、桐庐、淳安等市县地。

北宋景祐元年（1034）正月底，天寒地冻，但新年的气象还在，汴京的大街小巷里不时传来鞭炮声。这天清晨，范仲淹一家老少已经早早地收拾停当，准备远赴睦州（治今建德梅城）①。

这次被贬，是因为仁宗皇帝的家务事。仁宗对刘太后在世时把持朝政心存不满，由此"恨屋及乌"，对于刘太后安排给他的郭皇后也心生厌倦。一次，一个受宠的妃子当着皇帝的面讥讽郭皇后，郭皇后深受刺激，顿时忘了皇后威仪，跑去追打那个妃子，却不慎打到仁宗皇帝的脖子上。仁宗大怒，便要废掉郭皇后。范仲淹作为右司谏，认为郭皇后没有什么大错，不应该被废。但仁宗在部分朝臣的挑唆下，已经听不进任何意见，还用一纸诏书把向来忠君爱国的范仲淹贬到远离京城的地方。就这样，刚过完年，范仲淹便拖家带口往睦州而去。

　　一向以天下为己任的范仲淹，一生忠义正直，却屡遭贬谪。这次是他仕途上第二次被贬。从繁华的京城到偏远的睦州，山高路远，不知吉凶，一些官员很为他抱

桐君塔

不平，但他早已经将个人荣辱置之度外，不仅没有怨言，还豁达而明理地安慰那些同仁："睦州的奇山异水，是天下少有的，此去正好能拜谒桐君塔、严子陵钓台，还可以尝一尝睦州鲜美的鲈鱼。"

然而，这段路程的艰辛远远超出他的估计。从旱路到水路，从淮河、运河到钱塘江再到富春江，倘若遇上春风和煦、阳光明媚的天气，这路上倒也是处处可见山清水秀的风光，但若恰逢北风呼啸、雨雾弥漫，这途中的旱路和水路都成了颠簸之路。

一日，他们乘坐木船正行驶在淮河上，忽然风雨大作，滚滚浊浪顿时扑面而来。木船险些倾覆，一船人吓得面色苍白，范家最小的孩子已经哇哇大哭起来。范仲淹握住孩子的小手，不断地安慰他，一路上一直寡言少语的妻子，这时候也忍不住抱怨起来。

好在船夫经验丰富，及时地控制住了航向，有惊无险地渡过了难关。黄昏，经过一处小村庄的时候，天色转晴，夕阳的光辉洒在江面上，大家才彻底松了一口气。

范仲淹牵着孩子来到船头，和他一起背诵古诗。碧绿的江水缓缓向远方流淌，孩子渐渐忘了先前的恐惧，开始关心什么时候才能到达睦州。范仲淹笑道："还早呢，起码一个月吧。"孩子沮丧地说："在京城里多好玩啊，为什么我们要去那么远的地方呢？"范仲淹没有直接回答他，而是给孩子讲古代谏官的故事，从战国时期的屈原讲到唐代的张九龄，还温和地告诉孩子："人活在世上，就要考虑为国为民多做实事，而不能贪图个人的安逸。"孩子听了，若有所思地说："那父亲就是因为要做他们那样的人，才被皇帝派到睦州了，对吗？"范仲淹摸着孩子的小脑瓜说："真是个聪明的孩子。"

又过了一些日子，他们到达杭州，又转乘另一条船，溯钱塘江而上，终于来到富春江。此时，已经三月底了，杏花、桃花在岸上次第开放，碧绿的江水倒映着远山，也倒映着一树树繁花。范仲淹一家站在船头，沐浴着阵阵春风，只感到心旷神怡。

远远地，他们看到一座白塔。白塔矗立在山顶，而这山正好位于两江交汇处。船夫告诉他们：与富春江交汇的江叫分水江，那突兀在两江交汇处的山叫浮玉山，又叫桐君山。此时的船，正行驶在桐庐（时属睦州）境内。

范仲淹很高兴，久久凝望着那树木葱茏的山峰，它的影子投在江面，宛如一位窈窕的女子顾影自怜，而那山顶高高耸立的白塔，多像她头上的一枚银簪子啊！他问船夫："这座塔就是桐君塔吧？"船夫点头，钦佩地说："是桐君塔，先生知道得可真多啊！"

孩子好奇地问道："桐君是谁？"范仲淹笑道："桐君很了不起，是上古时候的药学家，被后世尊称为'中药鼻祖'。他曾在这一带采药求道，帮助人们治病疗伤，却从来不求回报。他住在一棵弯曲的桐树下，这棵桐树枝繁叶茂，远远望去就像庐舍一样。人们问他姓名，他笑而不语，只是指了指桐树，大家就尊称他为桐君。这里也因为他居住过，而被称作桐庐。"

孩子惊讶地说："桐树下也可以当作房子啊？下雨的时候怎么办呢？"他想起先前在船上遇到的风浪，无法想象人怎么能住在桐树下。

范仲淹慈祥地笑着告诉孩子："古时候人们居住条件差，哪里能像我们现在这样。不过，这也正是桐君让人铭记的原因啊，他一心只想着救死扶伤，为百姓采药治病，虽然是在桐树下生活，但相传还写出了制药学著作《桐君采药录》。书中把药分为主药、辅药、佐药、引药。现在大夫们看病，还沿用他定下的处方格律。桐君实在了不起呀，他为后世的医学发展做出了很大的贡献。你看这桐君山、桐君塔，都是后世纪念桐君的标志呢。"

孩子仰着小脸远望着桐君塔，脆生生地说："我以后也要做桐君那样的人。"

孩子的话让船上的人都开心地笑起来了。

范仲淹朝着桐君塔的方向作揖，他想，改日一定专门来拜谒桐君。

此时，范夫人也拿出一件小褂子出来，默默地走到他们身后，给孩子披上。

船已经渐渐靠近桐君山，范夫人想起数日前对夫君的抱怨，不禁有些惭愧。她的夫君和桐君是同一类人，不看重自己的得失，却为黎民苍生忧虑，是值得万世敬仰的。她庆幸有夫君对孩子的教导，及时避免了自己当初的抱怨对孩子产生不利的影响。

此后，他们顺利地到达睦州，范仲淹还为桐君塔留下了诗句："钟响三山塔，潮平七里滩。"这里的三山塔指的便是船底山的圆通塔、安乐山的安乐塔以及桐君山上的桐君塔。

南宋诗人杨万里也写过诗句歌咏桐君塔："朱楼隔绿柳，白塔映青山。"恰巧，他写的也是泛舟路过桐庐的情景。

范仲淹在睦州任职时间不长，却为睦州百姓做了很多好事。他还写下很多诗句，歌咏这里的山水，其《萧洒桐庐郡十绝》令桐庐之名远播。

参考文献

1.董利荣：《范仲淹与潇洒桐庐》，西泠印社出版社，2009 年。

2.马时雍主编：《杭州的古建筑》，杭州出版社，2009 年。

3.桐庐县地名委员会编：《浙江省桐庐县地名志》，1984 年。

三潭石塔止菱荡，
通守钱塘记大苏

史迹链接： 三潭石塔位于杭州西湖的湖面上。北宋元祐四年（1089），苏轼任杭州知州。他组织疏浚治理西湖，元祐五年（1090）在湖中立塔为标志，令三塔之内不许侵为菱荡，湖中南起第三桥之左为一塔，四桥之左为一塔，五桥之右为一塔。石塔高出水面约2米，水下有5米，塔身呈瓶形，由基座、圆形塔身、宝盖、六边小亭、葫芦顶组成。塔身中空，环周设五个圆门，门边环饰浮雕花纹。三塔鼎立于湖中，比例得当，造型美观，早已成为西湖乃至杭州的标志物。元朝时三塔被毁，明朝万历年间重建，清初塔又毁。现存三塔为清康熙三十八年（1699）所建，位置稍有变化。2013年，其作为"西湖十景"组成部分之一，被公布为全国重点文物保护单位。

推开那扇雕花的木格窗棂，苏轼不禁深深地吸了一口气。清晨的空气很清新，微风拂来，携着西湖的水汽，隐约还夹杂着一点泥土的腥味。

这次是苏轼第二次来杭州任官了，他对西湖的变化非常吃惊。西湖早不是十多年前的模样了，整整缩小一半，没有"水光潋滟晴方好"的恬淡，更缺少"淡妆浓抹总相宜"的妩媚，连续几月没有下雨，钱塘江潮水倒流，西湖里泥沙厚积，以往的深水处变成浅水处，浅水处长满了葑草，再不及时想办法，西湖很可能会面临干涸的危机。都说杭州是人间天堂一般的地方，但如果没有了西湖，那就如同一个妙龄女子没有了眉目，还有什么美丽可言啊！

而且，最重要的还不止于此。西湖若是消失了，唐朝李泌开凿的六井也将没有用处，杭州城的百姓将怎样生存？

想到这里，苏轼的心中充满了遗憾、疼惜，甚至痛楚。他得为西湖治病，让她恢复从前的模样。

沉思片刻后，他终于提起笔来，写下《乞开杭州西

南宋叶肖岩笔下的三潭印月

湖状》①，陈述疏浚西湖的五条理由。苏轼文采卓然，每句话都指中要害之处，为民请命之心也是殷切而赤诚。

不久，他得到宋哲宗的批复——"恩准"。然而令他发愁的是，朝廷并没有划拨银两，只是说财政紧张，就给了一百道度牒。在古代，僧、道出家，由官府发给凭证，这个凭证就叫"度牒"。唐宋时期，官府可以出售度牒，其价格常常会随着使用范围的扩大而与日俱增，一道度牒可以卖上一百贯钱左右。

苏轼一边在府衙卖着度牒，一边已经开始了缜密的疏浚计划。

他把那些原本打算逃荒的几千名灾民组织起来，让他们一起挖掘西湖的淤泥，清理葑草。灾民们被安顿下来，有饭吃了，不再流离失所，干起活来都尽心尽力。

苏轼每天去西湖边察看情况，问候民工，有时候还与民工们说说笑笑，让他们渐渐忘记了灾荒带来的痛苦。一天，有一个民工对他说："这西湖啥都好，就是从南到北太远了。要是中间有一条路就好了。"说者无心，听者有意，苏轼听后心里一动：要是把淤泥堆在中间，不就变废为宝，多了一条横跨西湖的路了吗？

就这样，那些原本毫无用途的淤泥，慢慢地被民工们堆砌成了一道长堤，成了贯穿西湖南北的道路。苏轼安排人们在上面栽种柳树和芙蓉，让这条路春有翠柳秋有花，美景层出不穷。从此，人们便称这堤为"苏堤"。

短短几个月，西湖的水又变得清澈起来，天光云影在湖里徘徊，柳树枝条在湖边摇摆，一切都那么美丽。

① 又作《杭州乞度牒开西湖状》。

不久，苏轼又有了新的设计，他命人在堤上建造了"映波""锁澜""望山""压堤""东浦""跨虹"六座石拱桥，仿佛画龙点睛之笔，让西湖的景色更加灵动起来。后来又种了桃树，渐渐地，人们说起苏堤，就多了一些民间谚语，如"十里长堤跨六桥，一株杨柳一株桃"，"西湖景致六吊桥，间株杨柳间株桃"。

民工们在疏浚西湖，工匠们忙着修桥。苏轼却发现了新的问题，这边还在挖泥，那边刚刚清理过的地方又有葑草在发芽、抽穗，而且繁殖很快。苏轼赶紧又派出一些民工到最初清理过的地方，再次挖掘和打捞。

但是西湖这么大，不能总有人守着除草吧；但若不持续清理，很快又会变回原来的样子。

苏轼在苏堤上徘徊，努力思索着彻底解决葑草的办法。他想：只有农民的庄稼地才不断有人除草呢。想到这里，苏轼眼前一亮：如果西湖上种着庄稼，是不是葑草就不会那么疯狂地生长了呢？但西湖上可以种什么庄稼？种菱？种藕？那么，可以把西湖周边区域分给老百姓，让他们种菱、种藕的同时，也处理葑草了。

这实在是一个好主意！

只是，苏轼又发现了新的问题。许多地方水域深，存在安全隐患，不能由着老百姓种植菱藕。那么，就应该划定区域，把深水的地方隔离开。有人建议在湖上拉一根长绳子，苏轼认为，那也太草率了，况且，即使再粗的绳子又能经得了多少风吹雨打？得有个坚固的、标识性的东西立在湖上。

苏轼一边想着，一边望着山顶发呆。那一刻，他看到雷峰塔了，经历了无数风雨，还有连续的战火，雷峰塔还是那么坚固，真是不易！想到这里，苏轼忽然有了主意：山上能建塔，水上也可以建塔啊！

再三察看后，他决定，在湖中南起第三桥的左边建第一座塔，第四桥的左边建第二座塔，第五桥的右边建第三座塔，并下令，在有塔划定的范围以内不许种菱或者莲藕，如有违反，报告者每丈赏钱五贯文省①，由违反者支付。

有了这个极佳的想法，苏轼便请了工匠，与他们一起筹划起来。几个月过去，三座石塔便顺利建成了。人们称之为"三潭石塔"。

看到三座石塔坚固而美观地矗立在西湖上，苏轼沉浸在喜悦之中。自然，此时的他，不会想到这三座石塔对西湖的影响，对后世的影响，更不会想到，这石塔在一千年以后，还会被印在人民币上，被亿万人民摩挲和欣赏。

① 宋代纸纱、钱牌上多有"××贯文省""××文省"等字样。省，即省陌，以不足百数之钱作百数使用。陌，借作"百"。

三潭印月石塔

　　三潭石塔的设计非常巧妙。石塔中间是空心的，各有五个孔，呈"品"字结构的排列方式。三潭石塔既是西湖水深浅的一个标志，同时又成了镇守西湖的三座界碑。渐渐地，人们发现，三座石塔还可以测量水位，提供洪水预警。

　　到了月圆之夜，若是去那石塔里点上一支蜡烛，朦胧的烛光就会从十五个孔里发出，远远看去，就像有许多轮圆圆的小月亮……天上的月亮，水中的月亮，塔上的月亮，它们虚实相生，交相辉映，既美丽，又神秘有趣。波光粼粼中，塔影亭亭而立，如梦如幻，这就是西湖上著名的景色——三潭印月。每年中秋时节，杭州人都喜欢来到西子湖畔，去欣赏那世间难得的美景。

　　南宋诗人王洧在《湖山十景·三潭印月》中描绘过这一胜景：

　　　　塔边分占宿湖船，宝鉴开奁水接天。
　　　　横玉叫云何处起，波心惊觉老龙眠。

　　有了三潭石塔，西湖比以前更美了。为了便于治理西湖，苏轼还把办公地点转移到葛岭下的十三间楼。他很喜欢在"雨亦奇轩"办公，轩名就出自他的名句"水光潋滟晴方好，山色空蒙雨亦奇"。

　　每天，他往返于官衙和住处之间，总会遇到很多杭州百姓，他们常常站在路口或者家门口，专等着他，一见到他走来，就会欢喜地迎上去，跟他打招呼，把从地里刚采来的青菜送给他，有时候还有新掰的竹笋，或是刚打捞的鱼虾……百姓们总是对他说不完感激的话，说苏大学士来了以后，杭州城大变样了，苏大学士真是个为民办事的好官啊！

这个时期里，苏轼主持修筑了一条苏堤，修建起六座小桥、三座石塔，还创办了大宋第一家公立医院"安乐坊"，他为百姓做了无数好事，还写下大量诗句歌咏杭州。人们从苏轼的诗句里了解到杭州，杭州也成了天下人无限向往的风景胜地。

岁月悠悠，三百年光阴转瞬逝去。到了元朝后期，统治者疏于治理西湖，官宦和富豪占去了西湖周边的地方，还围上篱笆，把它当作私人花园，甚至直接把原来的水岸变成庄稼地。三潭石塔逐渐坍塌，苏轼曾经划定的深水区域也快成了沙洲。西湖上杂草丛生，苏轼修筑的六桥底下，水已经几乎断流。西湖的美景看不到了，也不会有文人唱和了。

杭州百姓对此非常不满，敢怒不敢言，就编出很多民歌、童谣来讽刺统治阶级。其中最广为流传的就是这首歌谣："十里湖光十里笆，编笆都是富豪家。待他享尽功名后，只见湖光不见笆。"

直到明朝万历三十五年（1607），聂心汤被派到杭州做钱塘的知县。

一天的黄昏时候，聂知县处理完公务，便信步来到西湖边上。他读过那么多关于杭州的诗词歌赋，对苏轼更是无限景仰，然而眼前的景象令他十分心痛，西湖没了清澈的水波，三潭石塔早已经没了影踪。他暗暗下定决心，要像苏大学士那样让西湖重新泛起清波。

有了前人的经验，聂知县做起来要容易多了。他把钱塘县的百姓组织起来，采用苏轼治湖的方法，让一部分人每天负责除去葑草，另一部分人则把淤泥堆砌到一起，用来造堤。他们在浅滩的地方堆筑了一个"田"

字形的堤岸，把围在堤岸中的小池子用来放生。西湖附近的农户听说了此事，都来帮忙，他们对知县的这一举措赞不绝口，都说早就盼着西湖重新变回湖的样子。聂心汤组织大家在堤岸旁边建造了三座石塔，也称为"三潭塔"。

渐渐地，西湖又泛起了绿色的清波。

第二年春日的某一天，风和日丽，到处一片欣欣向荣的景象。戏曲家高濂抬起头来，连日的伏案创作已经令他疲惫不堪。他忽然想起，前些日子，似乎听邻居们说起，新来的知县在整治西湖，不知道西湖成了什么样子，天气好，刚好可以出去走走。他便换了衣衫，徐徐走出门外。

西湖上什么时候多了三座崭新的石塔？他顺着石塔望去，对岸春草初生，绿油油一片。而湖上更是碧波荡漾，美景无限，时而还有白鹭飞过，翅膀掠过水面，激起一串水花。水波的灵动与塔基的静默相互掩映，构成十分和谐的画面。高濂惊诧地瞪大了眼睛，这不是在做梦吧？微风中，他激动地舒展双臂，情不自禁地念起了宋朝诗人徐元杰的《湖上》一诗：

花开红树乱莺啼，草长平湖白鹭飞。
风物晴和人意好，夕阳箫鼓几船归。

他想，古人果然没有欺我，这景象是真的啊！这一天，他看了很多美景，也思考了很多，他想，应该把眼前的一切写进书里，书名就叫《四时幽赏录》吧。

后来，他果真把这天所见的情景记录下来了，他写了《三塔基看春草》《湖心亭采莼》《三塔基听落雁》，全部都收录在《四时幽赏录》里……

到了清朝康熙三十八年（1699），皇帝第三次巡视江南，第二次来到杭州。康熙乘着画舫来到西湖上，只见苏堤上桃红柳绿，春意盎然，湖中碧浪层层漾开，三潭石塔静静伫立在水中央。

康熙心情十分愉快，兴致勃勃地问道："这三潭印月的美景是否真像传说中那样神奇？"杭州的一位随行官员拱手答道："是很神奇。月圆的时候就可以看到三潭印月的奇妙景象，尤其是每年中秋时节，这景致格外动人。在三潭石塔里各放上一盏灯，每座石塔的五个圆门就像五轮圆月，加上它们各自映在水中的影子，就有十轮圆月，三座石塔总共有三十轮圆月……"

康熙还未听完，就哈哈大笑道："那要是加上天上那轮真月亮和它在湖中的影子，就有三十二轮月亮啰？不对，心中还有一轮月亮，总共是三十三轮吧？不错啊，这'三潭印月'果真是天下独一无二的奇景！"说着，他大手一挥，笑道："拿笔来！"随行人员赶紧铺开笔墨纸砚，康熙行云流水般地写下"三潭印月"四个大字。从此，三潭石塔更加闻名天下。

如今，在三潭石塔附近的御碑亭里，还立着"三潭印月"碑石。可惜原碑已佚，现碑为 1979 年按原尺寸、原刻本、原字迹摹刻重立。

参考文献

1. 杭州市民政局、杭州市地名委员会编：《杭州市地名志》，杭州出版社，2013年。
2. 林语堂：《苏东坡传》，群言出版社，2010年。

十方禅寺化尘埃，
普庆石塔耀古今

史迹链接：普庆寺石塔位于杭州市临安区青山湖街道，建于元至治三年（1323）。普庆寺建于元至元十七年（1280），元末寺毁，明洪武初年，道衍和尚（俗名姚广孝）重建普庆寺。后来寺毁，仅存石塔。石塔由花岗岩砌成，实心，六面七层，通高约7米，腰檐仿木结构。底座对角直径1.6米，边长0.83米。每层立面均设壶门式壁龛，计浮雕佛像27尊。顶刻相轮七重。塔身题刻"大元至治三年岁在癸亥"等。1973年修塔台基，石砌，高1.6米，边长3.2米。2013年，普庆寺石塔被公布为全国重点文物保护单位。

　　明朝洪武元年（1368）的秋天，僧人道衍带着弟子智能正缓缓走在杭州径山之南的小路上，周围格外空寂，除了虫吟，只能听见他们的脚步声。道衍环顾四周，荒草萋萋，一些高大的树木伸展出繁茂的枝丫，却也遮不住那些颓圮的红墙和塌败的房檐，阴沉的天空显得更加晦暗。道衍抬头望望那座石塔，它高峻挺拔，雪白的外墙在一片萧瑟的景象中显得格外突出。

　　智能是一个面容瘦削的小和尚，见到这样的情景十分吃惊。他双手合十，小心地问道："师父已经下定决

普庆寺石塔

心要修这普庆寺吗？""阿弥陀佛！普庆寺石塔巍然屹
立在此，如此孤独，有石塔在，我们更应该克服各种困难，
把这寺庙重建起来。"

"当年寺庙和石塔是同时修建的吗？"智能又问。

"肯定不是啊！"道衍看了智能一眼，"你年纪尚小，
修行时间也短，为师并不责怪你，但你要记得多读经书，
多研习前人的著作，切不可偷懒，把年华虚度，做那一
事无成的人！"小和尚赶紧双手合十说："多谢师父
教诲。"

道衍捻着手中的佛珠说："这普庆寺，又称普庆福
田寺，是径山寺下院。元熙禅师在《普庆福田寺记》中
详细地讲述过修普庆福田寺的经过。从元朝至元十七年
（1280）开始筹建，时建时停，到元朝至大三年（1310）
竣工，总共耗时三十年才完成，这是功德无量的大事啊！
奈何前朝战乱不断，这恢宏的十方禅寺竟然化作断壁残
垣。可惜！可惜！"说到此处，道衍不断摇头叹息。

此时，他们已经走到石塔下面。道衍指了指石塔旁的碑文，接着说："修建普庆寺石塔的时间要晚很多。普庆寺建成以后，许多德高望重的禅师来此讲习经文，也吸引了四海以内许多僧人来研习佛经。元朝延祐四年（1317），元仁宗还给寺里赏赐了匾额。自此，普庆寺香火鼎盛，声名大振。径山寺第四十八代住持元叟行端禅师和普庆寺主事僧圆庆奎禅师商议，在往普庆寺的大路上修建一座宝塔，纪念普庆寺的盛况，也供善男信女瞻塔、礼塔。元朝至治三年（1323），石塔修成，与普庆寺相得益彰，每天都有不少僧众在此绕塔而行。"

道衍抚着石塔，看着塔上精致的佛龛，仿佛看到了当年僧人缓缓走过的身影，然而此时的山坡依然空寂冷清，只有阵阵山风拂过树梢的沙沙声。

道衍告诉弟子智能：普庆寺从修建到毁坏不足百年，普庆寺石塔存于世间至今甚至不到五十年。然而，关于普庆寺的故事，却可以上溯六百年。唐朝天宝年间，国一禅师来到径山修行，路过此处，见这里山色苍翠，林木挺拔，认为这里是富有灵气的地方，他徘徊着，久久不肯离开。

智能从地上捡起一块断砖，只见它颜色青黑，布满青苔，他暗暗想着：这块砖头，一定见证过昔日寺庙的繁华，还见过那些云集于此处的僧人，他们带着多么虔诚的佛心诵经、打坐……如果师父重建寺庙，就会恢复昔日的景象，那是多么让人振奋的事情啊！

那天黄昏时候，他们才回到径山寺。虽然很疲倦，智能却没有忘记师父的叮嘱，在油灯下认真地诵读佛经，许久不曾入睡。而道衍，已经在纸上画下好几种图案，望着那些庙宇与回廊，他不禁陷入沉思：一定要重建普庆寺，前辈们在条件那么艰苦的时候，尚且能修成十方禅寺，如今天下太平，皇上厚待僧人，自然不会再像从前那样艰难了。

道衍思索着先前那些断壁残垣该怎样处置，想着新的寺庙应该换个位置还是在原址上重建，想来想去，脑海中只是不断浮现石塔的影子。直到深夜，道衍终于想明白了，无论怎么修普庆寺，那一定要让新的寺院挨着普庆寺石塔，这样一想，他便豁然开朗，原址修建无疑是最好的。

不久之后，道衍已经把重建普庆寺的计划上报，令他十分欣慰的是：不仅官府送来了大笔银子，径山寺的住持和周边几处著名寺院的住持也都表示要竭尽全力支持他。

此后一段时间里，道衍便每天带着一群弟子，手持各种工具，来到普庆寺石塔旁。他们费力地清理着那些残破的墙壁和房顶，还要把完好的砖头拣出来，放在另一侧的空地上备用。

这个事情看起来很简单，做起来却有很多困难。不少僧人并不理解道衍的做法，也免不了私底下议论纷纷。有的僧人认为道衍多此一举，这径山下到处是大片的空地，为何非得在这破烂的旧墙上修建新寺庙呢？还有的僧人甚至认为道衍此举无非沽名钓誉，引得杭州僧人们都来关注此事，好让自己声名显赫……渐渐地，这些话也被道衍听到了。但他并不生气，总是在忙碌大半天之后，让大家围着普庆寺石塔静坐。

每到这时候，僧人们大多已经累得大汗淋漓了，一坐下仿佛有千万条虫子在脸上、背上爬动。大家心里不愿意静坐，却也没办法反对，都只能按照道衍的说法，静坐着，偶尔抬头看看石塔。

终于有一天，一名弟子喃喃地说："师父，弟子似乎明白了，您为何坚持在原址修建普庆寺。是因为希望普庆寺和石塔不分离吧。"道衍笑而不语，众位僧人恍然大悟："为什么这么简单的道理，自己却这么久都不能明白，可见，修行的功夫还不够啊！"

大半年过去，他们清理出来的砖头也堆成了一座小山。道衍忍不住感慨："过去十方禅寺的繁华光景是很难恢复的了，好在这石塔还在，还和从前一样。"

新修的普庆寺终于矗立在石塔旁边。寺庙不大，但却庄严。道衍把杭州城里许多著名的禅师请来，为庙里的佛像开光诵经，到场的所有僧人都感到眼前一亮。

因为重建普庆寺有功，众位僧人推举道衍做了寺里的住持。普庆寺和普庆寺石塔再次得到人们的广泛关注。遗憾的是，道衍和尚苦心重建的普庆寺在漫漫的历史长河里再次遭到破坏，如今，唯有普庆寺石塔还在这里，无声地讲述着过往的烟云往事。

参考文献

临安市地名志编纂委员会编：《临安市地名志》，方志出版社，2012 年。

福缘造塔佑航船，
百姓改名念德善

史迹链接： 福善塔曾经位于杭州市富阳区以东的福善山上。该塔塔身较小，塔高七层，外形六棱，下层四周砌以刻有经文的大块青石板，三层以上用青砖砌成，内空而无楼级，但人可攀援至顶。1960年，塔因年久失修，严重倾斜，塔顶塌下。1964年，福善塔已成危塔。1966年，福善塔在"破四旧"中被拆除，部分塔砖被运往原新安旅馆移用，余砖散失。

烟
雨
塔
影

H A N G

Z H O U

碧空如洗，微风中飘散着一丝花香。

这是明朝洪武十六年（1383）春末夏初的一天，富阳县（今杭州市富阳区）的商人姚福缘正在富春江岸上漫步。江面很平静，偶尔有一叶扁舟漂荡在水上。这样的好天气已经持续多日了，若是往后三日还能如此，那艘货船就可以顺利回到富阳了。

想到这里，姚福缘望了望钱塘县（旧县名，今属浙江杭州）的方向，澄澈的江水宛如一条修长的绸带，正从那清秀的山峦旁绕过来。他仿佛看到山的那边，一艘货船正扬起白帆，船底则掀开一层层雪白的浪花。他不禁拈须微笑，这一船杭州丝绸运回来后，一定会有很多大户人家的女眷们来争相购买，丝绸很快就会变成白花花的银子。

当晚，姚老板睡得很好。清晨起来，他看到院里湿漉漉的，遍地是凋零的海棠，不禁吃了一惊："昨晚下过雨吗？"仆役告诉他："雨还不小呢。"姚老板十分忐忑不安：那装着丝绸的航船，不会在下雨的时候经过覆船山吧？要是再有大风，可就凶多吉少了啊！

想起覆船山，他不由得皱皱眉。

每年春夏之交，富春江水浩浩荡荡自南而来，一遇到那突出江面的鹳山矶阻挡，江水迅速往北，就会形成巨大的漩涡。若是遇到风雨交加的天气，这南来北往的航船，常会在漩涡中失去控制，舟覆人亡的事时有发生。故而，人们把漩涡旁边的小山称作"覆船山"。

富阳人谈起这座小山，往往都会变了脸色，他们总是担心天气变化后，是否又会有航船在此倾覆。以前常有人说，那覆船山上应该修一座塔，塔上还要供奉《妙法莲华经》，这样恐怕才能镇住那漩涡里藏着的"水魔"。

话虽是这么说，可造塔需要大笔的银子呢，这样的话说过几次后，大家也都不再提起了。只是每当起了风浪，人们就不敢外出，捕鱼的、经商的、走亲访友的，都眼巴巴地盼着天晴。

这一次，姚老板也在眼巴巴地盼着货船回来，他的那些老顾客，大多都来问过几次了：新的丝绸什么时候到啊？

这季节更替之时，正是添置新衣的时候呢。姚老板比她们还急，但他总是很温和地告诉各家的夫人、小姐们："放心吧，我们这批上等丝绸很快就要运回来了。"

第二天清晨，睡梦中的姚老板被一个巨大的声音惊醒，他愣了愣才想起这应该是大风把树枝刮断了，他又想起自己的货船——天哪，怕是该今天回来了，遇上这风雨大作的日子，可怎么能顺利通过覆船山？他赶紧穿好衣服，叫仆役备马车。

姚夫人见状，赶紧问道："外头狂风大雨，你这是要去哪里？"姚老板着急地说："去码头看看，今天船该回来了！"姚夫人顿时没了言语，只好看着姚老板匆匆往外赶。

姚老板的马车在风雨中艰难前行，豆大的雨点砸进车里，把姚老板的衣服淋得湿透，可他也顾不上那么多了，一心只希望那艘货船在路上耽搁了，还没回来最好！

姚老板来到码头上。大雨如注，那毫无遮拦的江边，哪里看得到货船的影子？莫非已经被漩涡吞灭？哎呀，这可如何是好！他暗暗祈祷着："老天爷啊，行行好，快止住这风雨吧！船上还有管家和家仆小柱，肯定还会顺路带上几位客人，要是船翻了，他们可就……"

雨越来越大，赶车的仆役见老爷都快淋成落汤鸡了，便焦急地劝他回去。姚老板仿佛没听见一般，只是呆呆地看着江上弥漫的雨雾，全然不顾雨水顺着蓑衣往下落。仆役抹了一下脸上的雨水，嘀咕了一句："要是那山上造了塔，说不定水魔就被镇住了！"姚老板这次听得真切，忍不住吼道："这船货要是能平安回来，我就出银子在覆船山上修塔，我看还有什么水魔！"

那天，仆役好说歹说，才把姚老板劝回了家。

姚老板受了风寒，当天夜里就卧床不起，连续说着胡话，还不停发抖。家里人慌了神，又是请大夫，又是求菩萨，弄到大半夜，姚老板服了药才渐渐睡去。姚夫人不敢睡，通宵坐在旁边守护着。姚老板几次在梦中喊着："放过我的货船！我要修塔！"把姚夫人吓得不停念着阿弥陀佛。

次日，风停了，雨住了，太阳渐渐升起。姚老板喝完一大碗温热的中药后，额头上冒出了细密的汗珠。想起昨天的暴风骤雨，他凄然地摇了摇头，这次负责运货的管家和小柱，怕是已经葬身鱼腹了啊，那一船丝绸，也不知会漂往何处了……这是血本无归的买卖啊！

他长叹了一口气，有气无力地靠在床榻上，沮丧地闭上了眼睛。

忽然，屋外有人匆匆跑进来，大声嚷道："老爷，回来了，货船回来了！"姚老板觉得这是梦里的呼唤，便也懒得睁眼，心里满是忧伤。

然而，很快，他听到姚夫人在轻轻地唤着："老爷，快醒醒，货船回来了，这下你该放心了。"姚老板这才睁开眼，屋外一片阳光明媚，不是做梦，是真的！他顿时心情大好，病也好了多半，便着急地要起身来。

家仆小柱这时已经来到他跟前，还喜滋滋地说："老爷，我们回来了，您吩咐几个人去码头上搬货吧。"

一船丝绸顺利地运回来了，姚老板感到喜从天降。原来，前日货船经过一个村庄，管家看到岸上一个姑娘没命地往江边跑，便跟小柱说："不好，要出事。"果然，那姑娘一下子就冲进了江里。小柱赶紧跳入水中，把那姑娘连拖带拽，弄上了岸。

原来，姑娘跟村里的年轻人相爱，不愿意答应爹娘安排的婚事，被爹娘骂了一顿，心里憋屈，便要寻短见。小柱救下姑娘，她的父母感激不已，再也不敢强迫姑娘了。一家人便坚持挽留他们，还摆了酒席宴请他们。

这样一来，刚好就耽搁了行程，错过了那一场大风雨。

小柱说："多亏老板平日里教导我们要多行善事，这可真是好人有好报啊！"姚老板很高兴，不禁想起自己许下的心愿：若是货船平安归来，自己愿意出钱造塔镇压水魔。他想："多行善事，多为百姓造福，肯定是对的！"

富阳的百姓们听说姚老板要出资造塔，十分感动。因为不久前，姚老板才捐资重建了恩波桥，这样的义举实属难得啊！

姚老板不只是拿出大笔银子来修塔，还专门去寺里向僧人请教，问他们要来一本《妙法莲华经》。塔建好后，工匠们把这本佛经放在了塔里。因此，大家都称这座塔为"莲经塔"。因为在覆船山上，人们偶尔也称之为"覆船塔"。

从那以后，往来的船只行驶在富春江上，船夫们总会看到覆船山上的宝塔，想起"宝塔镇河妖"，觉得那江里的水魔怕是被镇压住，不能动弹了，于是他们路过覆船山下的时候，便会多几许镇定和从容，再不像从前那么慌乱，航船大多能顺利地避过漩涡。人们都说，这"莲经塔"果真很灵啊!

后来，大家觉得最应该感谢姚老板的善德，便用他的名字做了塔名，称这座塔为"福缘塔"，也叫"福善塔"。

参考文献

1.《光绪富阳县志》，《中国地方志集成·浙江府县志辑（6）》，上海书店，1993 年。

2.徐延林主编：《浙江省富阳县城乡建设志》，中国建筑工业出版社，1992 年。

花明柳暗一幽村，
七层琅琯壮乾坤

史迹链接： 琅琯塔，位于杭州市淳安县西南汾口镇西北琅琯岭上，建于明万历二十九年（1601）。六面七层，砖石结构，高约 39 米。分内外壁，中有两条夹道，可盘旋而上。塔基下部由条石砌筑，上部用砖做须弥座。塔腰檐为菱角牙子叠涩五层，逐渐外挑，转角处翼角起翘，腰檐有黑色赭红色阑额。塔内一至四层各面壁上有砖雕造像 66 尊。第六层东面塔壁上嵌有石碑 1 块，楷书"募成华表纪名碑……皇明万历廿九年辛丑冬立"。该塔 1982 年被公布为淳安县县级文物保护单位，1999 年在暴风雨中倒塌。

午后，寂静的山道上格外幽静，耀眼的阳光穿透树叶，在地上投下无数晃动的光斑，鸣蝉在树叶间长吟，马蹄嗒嗒的声响在悠悠地回荡。

吴安感到一丝倦怠，靠在马车上打盹，很快就进入了梦乡。在梦里，他看见景德镇的钱老板乐呵呵地迎上来说："这次的货好，还是您亲自送来的，全部都要。"他很高兴，赶紧吩咐家仆吴小六带几个随行的仆役把所有的丝绸卸下来……

"老爷，前方就到您常惦记的琅琯岭了，您要不要下车看看？"是吴小六的声音。"琅琯岭？"吴安缓缓睁开眼，不由得掀起帘子往外看，瓦蓝瓦蓝的天空下，到处是一片深深浅浅的绿色，空气无比清新，令人心旷神怡。已经三十多年不曾到这里了，它还是原来的样子啊！"都停下来吧。"吴安说。

从马车上走下来，他深吸了一口气，武强溪的水还是那么清澈，溪边开满了不知名的小野花，黄灿灿的，十分美艳。远处层层叠叠的山峦在天边勾勒出曼妙的线条，仿佛女子的蛾眉。真是个好地方啊！这个正午就像三十多年前那个正午，吴安凝视着那溪水，不禁想起了当年的一幕：

那年，他才十二岁，家住江西景德镇外的吴家村。一场瘟疫席卷而来，村里许多人都丧生了。他的父母相继去世，母亲临终前让他到淳安去投奔舅舅。吴安悲痛不已，埋葬父母后便踏上了去淳安的路。

他从未离开过自己的村子，更别说去那么远的地方。他没有银子，只能沿途乞讨，一边走，一边问。若是遇到好心人，会给他指路还会分给他一点食物，有时候运气不好，对方一听说他从吴家村来，便嫌恶地捂住口鼻，不停地吆喝他："快走，快走，别把我们传染上瘟病了！"

这天正午时分，阳光炽热，他赶了半天的路，已经饿得头晕眼花。根据路人所言，他要经过一个叫琅琯岭的地方，然后会遇到一个三岔路，往最右的路走就可以了。但他饥肠辘辘，虚汗直冒，似乎过了几个三岔路，却并没看见一个叫琅琯岭的地方。山路上不见人影，他心里着急，眼前一黑就倒在了地上。

不知过了多久，他终于醒过来，发现自己靠着一棵大树，旁边还有一个老汉，正坐在石头上慈祥地看着他。见他醒来，老汉递过来半只西瓜，那西瓜瓤颜色鲜红，汁水在不住流淌。

吴安又饥又渴，搂着西瓜就大口地啃起来。老汉摸着他的脑袋说："孩子别急，别呛着，慢慢吃。"好久没有听到这样亲切的称呼了啊，吴安抹了抹嘴边的汁水，顺便拭去眼角的热泪。

老汉问他从哪里来，要去哪里。吴安说自己要经过琅琯岭后就往右走，去找舅舅。老汉笑道："这一带就是琅琯岭啊，这条溪叫武强溪。过了这个林子，那边有一个琅琯庙。古时候，这里还有一座琅琯塔呢。"吴安想："有塔倒好了，一眼就可以看到塔，也就不会慌张，不会昏倒。唉！"

老汉见他垂头丧气，面有菜色，知道这是个苦命的孩子，就想逗他说话，让他暂时忘记忧愁。老汉接着说："相传啊，这个琅琯塔和琅琯庙都是伍子胥修的。你知道伍子胥吗？"吴安摇摇头，满含期待地望着老汉，想听他讲故事。

老汉说："伍子胥是个了不起的勇士呢，他从楚国逃出来，路过琅琯岭的时候，后面的追兵也快赶上来了。前面有两条路，伍子胥很慌张，不知道往哪里躲。他看见一位老妇在溪边洗衣服，就赶紧问路。老妇人告诉他，往右跑有一片树林，容易隐蔽，往左则是一条大路。伍子胥谢过老妇人，又恳求道：'千万不要把我的行踪告诉后面的人啊！'老妇人点点头说：'你放心。'伍子胥便朝她作揖，感谢她的救命之恩，并再次叮嘱她，切莫告诉后面的人。老妇人再次说：'你放心。'说完便起身来，把洗的衣服藏进茂密的草丛里……"

吴安瞪大眼睛，诧异地问道："她把衣服藏起来做什么？是被追兵吓得也要逃跑吗？"

老汉说："她不是逃跑，她要救伍子胥啊！"

吴安十分不解。老汉接着讲道："伍子胥不明白她的意图，也顾不上想太多，便拼命地往树林方向跑去。忽然，他只听扑通一声，赶紧回头张望，竟然是刚才那位老妇人跳进武强溪里了！水流湍急，一下子就没了影踪。那些追兵只远远地看见有人跳进水里，以为是伍子胥，便赶紧顺着水流去打捞，说找到伍子胥的尸体，楚

琅珰塔

依据史料手绘
的琅珰塔

王有重赏。伍子胥这才明白了老妇人忽然跳入水中的真实目的，他含着眼泪，朝着武强溪的方向叩拜，然后才继续奔跑。"

吴安第一次听到这么曲折的故事，不由得紧张地问道："那他最后有没有被抓起来？"

老汉笑道："当然没有被抓了。后来，伍子胥做了吴国的大夫，还来这琅琯岭修了琅琯塔和琅琯庙，就是为了纪念老妇人。"

吴安听得出神，不由得把周围望了一圈，蓝天映衬下，只有一排排树梢："那琅琯塔在哪呢？"

"时间长了，塔早就毁了，现在的琅琯庙也是后来重修的了。"老汉说。

"那为什么不把塔也重修呢？"吴安好奇地问。

"傻孩子，那要有人愿意出钱啊！"老汉笑道。

吴安十分憧憬地说："我要是有钱，就愿意出钱。有了塔，就不会有人迷路了。"老汉哈哈大笑道："好，你长大了一定会有钱的，那时候记得来修塔哦。"

后来，老汉牵着他的手，把他送到三岔路口，给他指了指路，又给了他一个熟玉米棒子，让他在路上饿了再吃。

路过琅琯岭后，吴安再也没有迷路了，经过一段时间的跋涉，他终于找到了舅舅家。

此后，他跟着舅舅长大，还跟着舅舅学会了做生意。他们起先只是在附近村庄做小买卖，后来吴安和表弟们长大了，都成了舅舅的好帮手。吴安头脑灵活，特别勤劳肯干，他与表弟们商量，把浙江的丝绸运到江西，又把江西的瓷器运往浙江，这应该比做一般买卖更赚钱。就这样，他们慢慢把生意做大了。如今，舅舅老了，让他们兄弟自立门户，吴安便自己当了老板。

转眼间，离上一次经过这里，已经有三十多年了……

三十多年了，那个救过自己的老汉肯定不在人世了，可自己甚至连老汉姓甚名谁都不知道。

想到这里，吴安又想起自己那时候说的话——"修塔"，倘若这里有塔，就不会有人迷路了。不能让那句话成了戏言啊！

吴安上了马车，心里暗暗地发愿："如果这批丝绸能卖个好价钱，一定来这里修塔。"

来到江西，一切顺利得让吴安吃惊。钱老板没有全部买完丝绸，却找了几位同行，都给出了好价钱，吴安顺利地拿到一大笔银子。

当他返回淳安，再次路过琅琯岭的时候，他看到琅琯庙前十分热闹，很多善男信女在焚香祈祷。

原来这一天是琅琯庙的庙会。吴安和仆役们一起来到庙里，找到了住持，说明了自己希望建塔的愿望。

在吴安的努力下，琅琯庙前开始修塔了。那里，不仅有他投入的银子，周围那些善男信女们也纷纷前来募捐。

一年后，这个山清水秀的地方，又矗立起一座七层高塔。塔名依旧沿用"琅琯塔"，在第六层上，还镌刻了建塔的原因"募成华表记名碑"。琅琯塔秀丽挺拔，无论是在中洲、叶村还是汾口、界川，四个方向过来的人都能远远地望见它。那以后，来这里找不到路的人常会听到这样的答复："你看到那个琅琯塔了吗，往那里走，很快就到了。"

琅琯塔落成那一年，是明万历二十九年，即公元1601年。

琅琯塔不只成了路标，还寄托了人们美好的期望。大家说，琅琯塔多像一支巨大的毛笔啊，"琅琯"和"揽管"谐音，"揽管"是提起毛笔书写乾坤的意思，修建此塔，就是期望人才辈出呢！不过，他们并不知道出钱修塔的吴安，就像吴安不知道多年前那个老汉的名字，那些做好事的人并不都希望被人们记住……

参考文献

1.淳安县志编纂委员会：《淳安县志（1986—2005）》，浙江人民出版社，2014年。

2.淳安县地名委员会：《淳安县地名志》，1984年。

3.马时雍主编：《杭州的古建筑》，杭州出版社，2004年。

知恩少年寻乾贞，
龙耳山麓矗高塔

史迹链接：龙门塔，位于淳安县汾口镇龙门村龙耳山下。始建于明朝，相传为余乾贞所建。塔高约 27 米，六面七层，楼阁式砖塔，塔刹已毁。塔面为白灰色。塔基用条石砌筑，上为砖刻须弥座，座高 70 厘米。第一层开一拱券形塔门，高 2.28 米，宽 0.86 米，厚（深）1.74 米。每层塔的每面有一道券门，部分做成假门。门额上方横书"南海蓬壶"四字。第二至第七层各面均以拱券形窗龛相间，第二层塔门上拱券窗上方横书"天光云影"。第三层额书已无法辨认。塔内每层设一壁龛。踏道夹于内外塔壁之间，宽 64 厘米，可盘旋而上，直至顶层。龙门塔对于研究明代后期的建筑艺术有一定的价值，2005 年被公布为浙江省省级文物保护单位。

　　暮雨潇潇，一艘大船缓缓行驶在江上，仿佛并无靠岸的意思。戴着斗笠的中年男子余乾贞站在船头，神情专注地平视着前方，仿佛那里正展开了一页费解的天书。他面色凝重，虽穿着布棉袍，却气宇不凡，凛然带着正气，任由飘飞的细雨浸透衣衫，他也纹丝不动，宛如雕塑。

　　船舱里走出一位妇人，面容姣好，眉宇间却有几分病态的忧愁。她撑着绸伞，手臂上挂着一件皮袄，柔声对余乾贞说："江上寒湿，老爷还是进舱里烤烤火吧。"她把手中的绸伞递给男子撑着，又把皮袄披在他的肩头。余乾贞转过身，脸色依然冷峻，但目光里已满溢着柔情："前路迢迢，尚不知吉凶，夫人跟着我受苦了。"妇人摇头，默默地握住余乾贞的手，他们并肩站着，望着前方那烟雨凄迷之处。

两岸草色枯黄，稀疏的枝条在雨里静默着，雨水仿佛泪水一样纷纷从枝头下滑⋯⋯

这是明万历八年（1580）的冬天，余乾贞离开广德州（今安徽广德市），到江苏江浦（今南京浦口区）上任的途中。回想此前的经历，他不禁百感交集。

余乾贞生于明嘉靖十二年（1533），字秉智，号四山，是浙江严州府遂安县（今杭州市淳安县）人。其母江氏生他时因难产而死，好在继母王氏待他如同己出。余家是当地的名门望族，祖父曾经官至御史。在良好家风的熏陶下，余乾贞兄弟四人自幼饱读诗书，崇尚圣贤之道，既能孝敬父母，兄弟也相处和睦。家中长辈希望四兄弟都能考中功名、光宗耀祖，尤其对勤学好问、博闻强记的乾贞有着更多的期许。

余乾贞在读书之余，喜欢研读《易经》。他曾多次与父母兄长讨论汾口镇的地理形势，认为东北角属于艮位，应该有高楼或者高塔矗立。然而兄长们都认为这说法根本没有道理，父亲也语重心长地告诫道："秉智，你正值求学年龄，不宜将光阴浪费在与功名无关的书籍上。"余乾贞年龄小，无法辩驳，这个建议也就不了了之。

余乾贞便专注于功名，两耳不闻窗外事，终于不负家人们的期望，于明隆庆二年（1568）考中进士。因头一年里，他与哥哥乾亨同时中举，家中喜事接二连三，便在遂安①引起轰动，余氏大家族更是张灯结彩，喜气洋洋。父亲在高兴之余，还戏言道："我余氏祖先有灵，子孙会平步青云，官运亨通，没有修建高塔，不也中了举人，出了进士。"大家都看着余乾贞笑，余乾贞只好也跟着笑笑作罢。

不久，余乾贞被派往福建崇安（今福建武夷山市）任知县。

余乾贞廉洁奉公，执政清明，深受当地百姓的拥戴，许多百姓都称他为"青天大老爷"。四年后，余乾贞被提拔为云南道监察御史。官做大了，余乾贞依然保持一贯为民请命的作风，尽力为老百姓减免赋税，凡是不利于老百姓的事情，他都要想办法奏请上级收回成命。这样一来，就得罪了不少官员。明万历三年（1575），余乾贞被弹劾，降职远调到湖广荆门（今湖北荆门市）任知县。余乾贞心中怨愤难言，却也只得挈妇将雏，奔赴荆门，然而祸不单行，还未到达，家中就传来噩耗，继母王氏病逝，余乾贞便又回乡丁忧……

丁忧结束后，上级一纸任命，又将他贬谪到广德州任判官。不久，余乾贞因政绩突出，被上司提拔，这一年冬天又赶赴江苏江浦任知县……看似喜事，可这喜事里潜藏着多少幽微难言的悲戚！

此刻，余乾贞站在船头，心中万语千言，却不知向谁诉说，他其实已经开始厌倦官场了。

"祸兮，福之所倚。福兮，祸之所伏。"余乾贞像是告诉妻子郑氏，又像是在喃喃自语，没有人应答他，江上，只有阵阵冷风携带着细雨直往脸庞袭来。他扶着夫

①遂安：旧县名，在浙江省西部。晋由新定县改称。1958年撤销，并入淳安县。

人的肩膀，慢慢走进船舱……

这些年，看惯了官场上的尔虞我诈，余乾贞对于各种任命已经宠辱不惊了，他所担忧的只有妻儿，尤其是妻子的身体状况一直不好，长期奔波，舟车劳顿，不利于妻子养病。缺乏安定的生活，他也疏于对子女的陪伴和教育。

透过舷窗，余乾贞望见了岸上的点点灯火，便吩咐船家靠岸。那一刻，他忽然想起了苏东坡的诗句："小舟从此逝，江海寄余生。"

终于来到江浦。刚好江浦有筑城的任务。余乾贞在崇安任知县时也曾修筑过城防，对此工程已经了然于胸。他安排差役丈量土地，对贫穷的人家进行安抚，对富贵人家则尽量晓之以理，劝勉他们放弃一些小利益。修筑城防的工程虽然烦琐，但百姓对余乾贞的做法都很认同。唯有一个车驾郎中①处处在暗地里阻挠余乾贞，使得筑城之事难以顺利进行。这个车驾郎中官位不高，但属于本地富户，有盘根错节的关系网。"强龙不压地头蛇"，余乾贞也奈何不了他。不久，抚台到此查访，余乾贞便把车驾郎中阻挠筑城之事向抚台禀报。

车驾郎中被惩治，筑城得以顺利进行。

但车驾郎中也因此怀恨在心，他四处疏通关系，很快就官复原职了。他便到处上告，说余乾贞以权谋私、中饱私囊。同时，又在民间散布谣言，说余乾贞贪赃枉法，即将被查处……余乾贞每日辛劳，督建城防，还要处理日常公务，本已是忙得不可开交，忽然听到县里各种传闻，便如当头一棒，那些关于他"将被查处"的说法已经闹得满城风雨。余乾贞深感"众口铄金，积毁销骨"，

① 车驾郎中：官职名。

尽管满腔怒火，他却也不再辩解、不想改变了。

　　等到筑城完毕，余乾贞便提着官印，向上级官员提出辞官回乡的请求。余乾贞只说自己身体有恙，需要回乡静养，别的一概不提。上级官员很诧异，尽力挽留却无济于事，也只好听之任之。余乾贞离开江浦的时候，许多百姓自发来送行，他们依依不舍地目送余乾贞乘船

龙门塔

远去，不少人默默流下眼泪。他们在江浦的岸上，留下了去思碑，以歌颂余乾贞在此地留下的德政。

这一年，余乾贞刚满五十。

辞官回乡并不是他一时冲动之举，早在两年前，在离开广德到江浦赴任的途中，他已经想清楚了一切。官场险恶，要为皇帝效力，为百姓谋福，光凭满腔热忱是不可能实现的。那些结党营私的官员，那些巧取豪夺的酷吏，各种势力都会对他虎视眈眈，个人的力量何其微薄。好在，来时已经将去时的路考虑清楚，这样倒好了，他不必考虑百姓的看法，也不必向上级官员解释，"清者自清，浊者自浊"，他们爱怎么想都可以，要栽赃陷害，也要有证据，既然没证据，不过就是过一下嘴瘾罢了。

为官十多年来从未像现在这样轻松，余乾贞带着妻子儿女回到遂安，仿佛脱笼之鹄，从风刀霜剑的寒冬飞到了春暖花开的江上。老屋还是原来的模样，儿时的伙伴也都还在，相逢一笑，余乾贞仿佛又回到了旧时光里。

余乾贞在祖屋附近修了新宅，将其命名为"六觉园"，他在园中开凿水池，堆砌假山，又种下各种奇花异草。反正现在有的是时间，他亲自设计，又亲自指挥工匠，一切要按照自己的想法来打造。这里就是他余生栖息的地方，空闲的时候来此吟诗作画，此乐何及啊！过了一段时间，余乾贞又修建了"宏贤馆"，专门用于结交文人雅士，与他们在此饮酒赋诗。

此后，余乾贞的生活可谓丰富至极，有时间陪伴家人，也有闲情与乡里县里的贤达来往，他们吟咏唱和，悠哉乐哉，全然没有官场的桎梏。

有人建议余乾贞，为乡邻造福，可以在村口的小河上修建小桥，方便两岸来往。余乾贞爽快地答应了，并将修好的桥起名为"登云桥"。

此后，他又修建了"望云楼""书香祠""福谦庵"等。

家人们担心余乾贞做这些事会过度劳累，但余乾贞乐此不疲，他觉得这些事情都是自己喜欢的，哪里会感到累？不仅如此，他还时常望着东北方向的空地陷入沉思，年少的时候，他就认为那里应该有一处高楼或者高塔，现在要修，谁也不会阻拦了，是不是可以重新考虑了呢？

闲云潭影，物换星移，悠悠岁月就这样不紧不慢地过去了。

明朝万历十七年（1589），秋高气爽的一天，余乾贞正在窗前读书，家丁来报，说有一位祖籍云南的远客来访。余乾贞有些诧异，近年来，虽说结识了周边县城不少文人雅士，但云南毕竟路途太远，这位客人又因何事造访呢？他想，或许是当年在云南做监察御史时结识的某位朋友吧。

来到堂前，余乾贞见来者三十岁左右，衣冠楚楚，英气逼人，感到似曾相识，却又一时想不起在哪里见过，更不知来者何意。那年轻人一见余乾贞，就不由分说地跪下叩头："恩公，可算找着您了！"余乾贞连忙扶起他，吃惊地说："莫不是认错人了，我于你有何恩？"

年轻人自报家门，他姓李，是新科进士，这是在去江西赴任的途中，因时间宽裕，特意寻访到遂安来与恩公相见。

年轻人缓缓饮下一口茶水，徐徐说道："十五年前，云南出了一桩冤案，一个手无缚鸡之力的少年被指认为杀人凶手……恩公，您可还记得？"

余乾贞仔细地打量着年轻人，不由得恍然大悟。

十五年前，余乾贞在云南担任监察御史，一次翻阅刑事案件的卷宗，发现有一桩命案判得十分草率。说是屠户詹某带着一大笔银子去邻县求亲，住在客栈，第二天却被刺杀身亡。当夜客栈只住了两人，詹某和隔壁房间的举人李某，李某父母双亡，要去邻县投奔亲戚。客栈老板发现詹某气绝身亡，而李某还在沉睡中，浑然不觉外面发生了什么事情，但他衣服上沾满血迹，李某醒来时却说不清楚有血迹的原因。官差抓了李某，施以刑罚，李某供认不讳……李某将于秋后问斩。

余乾贞当时看罢，不由得扔了笔墨，大怒道："糊涂官员草菅人命！"

他重新审理此案，了解来龙去脉，得知李某认罪果然是屈打成招，真正的元凶也在一月之后捉拿归案。

余乾贞见举人李某身形单薄，在狱中受了不少苦，问及所读诗书，发现他聪敏过人，不由得心生爱怜，就给了他一笔钱，让他投奔亲戚，还鼓励他一定要考中功名，争取出人头地。年轻人含泪离去。

事隔经年，余乾贞在官场摸爬滚打，自身所受屈辱已经难以诉说，哪里还记得帮人洗刷冤屈之事。但见李某已经蟾宫折桂，天下闻名，眼下千里迢迢地赶来，只是为了叩谢恩人，不禁一阵感慨。为年轻人喜？为自己悲？好像都不是。

余乾贞挽留李进士在家中小住，像对亲侄子一般，与他促膝长谈，希望他好好做官，也要提防各方暗箭。李进士连连点头，十分感激。

余乾贞领着李进士到自家花园里走动，不由得谈起年少时候跟家人讨论过的修高塔，他说："这艮位需要高楼或者高塔，我打算明年在东北角修一座高塔，把这多年的心愿了结。"李进士一听大喜："这是好事啊，起一座高塔，可以炳郁人文，余氏后人见此高塔，必当想起恩公勤学苦读之事，这是对后人的启迪和激励。《易经》认为，万物生成变化，有规律可循。承袭好的家风，必将在一个家族里形成好良好的规律。此事就交给晚辈来做吧！权当报恩之举。"李进士一番话令余乾贞又惊又喜，当年救下的少年，真乃知音啊！

李进士不敢耽搁，便请人找来工匠，与余乾贞一起商量，选址、选料、设计、画图、规格……等到一切都妥当了，可以动工了，李进士任期的时间也迫近了。

李进士便留下充足的银子，辞别余乾贞，离开了遂安。

明朝万历十八年（1590）冬春之交，高塔修成，矗立于汾口镇东北的龙耳山下，灰白外饰，简朴而典雅。余乾贞伫立在高塔下，久久无言。

乡邻们来看热闹，问余老爷修的高塔叫什么名字。余乾贞沉吟片刻，吐出三个字："成言台。"

万历二十五年（1597），遂安进士毛一瓒为高塔写下《成言台记》，文中说：

> 盖艮于方为东北，于时为冬春之交，其象为山，其德为止，其序为八卦之终，终以为始，止以为起，静以为动，时行时止，动静不失其时，其道光明，此成言之说也。

其大意说，成言台所处位置为东北角，即艮位，建成之时为冬春之交。万物有始有终，终点即是开始，静止即是起动，静止也是运动。面对世间万物，既要积极行动，也要保持静观其变之心，一件事的终点就是另一件事的新起点。

毛一瓒也是余乾贞的知音，他替余乾贞把想说的话都说了：修建成言台，就是想告诫后人，要审时度势，进退有序。

明朝万历二十七年（1599），余乾贞去世，享年六十七岁。

成言台还在，因为处于淳安县龙门村，被称为"龙门塔"。龙门塔历经四百多年光阴，巍然屹立在龙耳山下。至今，淳安还流传着少年千里来报恩修塔的故事，少年借龙门塔来表达对恩人的敬仰，也彰显自己知恩图报的美德。与此同时，余乾贞对后辈的殷切期望也仿佛萦绕在塔的上空，启迪着这一方的后人。

参考文献

《淳安县志（1986—2005）》编纂委员会编：《淳安县志（1986—2005）》，浙江人民出版社，2014年。

杭公彪炳千秋史，
河渚云开八面风

史迹链接：河渚塔位于杭州市西湖区西溪湿地河渚街，始建于清朝咸丰年间。当时的文人学士对先贤杭世骏的才学人品及仕途遭遇深怀敬佩，于是集资在河渚厉杭二公祠内筑一石塔纪念，初称"杭公塔"。太平天国时期，石达开部在西溪休整，河渚塔是石达开的训练指挥塔，后塔圮。新河渚塔于2012年移址重建于河渚街蒋相公祠西侧，高约15米，四层八角，八根水泥柱形成塔身，塔身通透，底层塔檐为乌瓦重檐，塔上下用折返式木梯沟通。塔上有对联："四时锦簇四时景；八面云开八面风。"

又是芦花飘飞的时节，河渚一带连日天气晴朗。西溪的水愈发清澈，仿佛一面镜子，映照着瓦蓝的天空，也映照着溪边的芦花。天地之间，成了一幅色彩明艳的巨大画卷，秋阳洒下温暖的光辉，秋风带来阵阵花香，行人仿佛要陶醉在这秋色里。

西溪岸上的蒋村，去年搬来一户人家，姓李，人称"李相公"或"李才子"。起先，人们以为他只是一个读书人，时间长了，大家才发现，原来他还做过七品知县。

河渚塔

多年前，李相公因为痛恨朝纲腐败、官吏贪赃枉法，就辞官回归田园。他回到家乡才发现，这里有太多人知道他曾经做过官，总会有人来请他帮忙找官府办事，他碍于情面不便推脱，心里却无比厌倦。因为听说河渚一带是世外桃源般的地方，他便偷偷地变卖了祖产，带着一家老小连夜坐着马车，辗转来到西溪。他和家人安顿下来后，就隐姓埋名，不提从前的为官生涯。人们不了解他，只称呼他"李相公"。

李相公不喜欢和官场的人打交道，但素来喜欢结交文人雅士。这一年，他把自家庭院修葺扩大后，每天上午都会在院子里侍弄菜地，午饭后，则常会约上附近的几位儒生一起，坐在院子里的大桃树下谈论诗词。

这天午后，李相公已经惬意地坐在树下，透过桃树的枝丫，他看见朋友们正结伴而行，朝着自己的院子走来。李相公忙吩咐仆人上茶。

一阵寒暄之后，陈相公从怀里拿出一本《岭南集》，一边递给李相公，一边笑着说："往日，李兄一提到杭大宗[①]的诗就十分推崇，前些日子小弟在旧书摊上看到他的诗集，便买来细读，果然字字珠玑，小弟钦佩不已啊！刚好昨晚读完了，今日便带来交与李兄，也和诸君一起赏读赏读。"

李相公一听大喜，忙接过那本已经泛黄的诗集。他轻轻摩挲着那残破的封面，久久凝视着作者的名字，仿佛见到一位许久不曾谋面的朋友。

"杭大宗是彪炳千秋的大师啊！不止才华横溢，更重要的是刚直豪爽，敢于说真话。"李相公一边说一边端起茶杯，沉吟半晌又接着赞叹道，"李某向来钦佩他，零散地读过他的作品。这本诗集，还是第一次看到。"

在座的儒生纷纷点头。陈相公感叹道："听说，二十多年前，杭大宗的后人曾经抱着三十多页杭大宗手稿在京城出售，里头还有当年给乾隆爷上奏疏的草稿。"旁边的人赶紧问："那手稿呢？"陈相公摇摇头道："在下也不曾见过，只是听闻传言，据说，后来落在琉璃厂的商家手里。"李相公叹息道："子孙不肖，未能弘扬祖宗的精神，怕是时间一长，这杭大宗的事迹也要被人遗忘啊！"

众人陷入沉默。离杭大宗去世也才不到百年，还有多少人能记得他曾经从这里考中科举，因才华横溢而名扬天下？还有他为民请命而触怒龙颜，又曾在革职回家后著述几百卷？试问芸芸众生，还有几人像他那般敢于直言，忠君爱国之心天地可鉴？

忽然，李相公起身来慷慨地说："我等应该为杭大

① 杭世骏（1696—1772），字大宗，仁和（今杭州）人，清代学者、文学家，号堇浦，有智光居士、秦亭老民、春水老人等别号。

宗做点什么才对，也不枉对他的一番仰慕之情！"众人听了十分振奋，都抬头望着他，纷纷说："李相公觉得应该做什么？我等都听您的！"

李相公却没回答，他把深邃的目光投向远方，天气澄和，黛青色的山峦仿佛与白云相接，那里正是西湖的方向……此时，西湖周边的几座古塔也一一浮现于眼前，几百年的风霜雨雪，古塔依旧巍然而立，见证人世的悲欢离合。李相公的心猛地一动，一个念头脱口而出："我们为杭大宗建一座塔吧，给它起名为'杭公塔'，让后人永世瞻仰！"

几位儒生先是一愣，后来都陆续地站起来，拉着李相公激动地说："李兄说得好，确实是一个好主意啊！"然而，曾相公沉吟了片刻，却迟疑地说道："造塔需要很大一笔资金，就我们几人，恐怕难以为之。"

这也是大实话。陈相公想了想，对众人说："我们可以募集资金，把这个消息告诉其他读书人，会有人和我们想到一起的。"李相公接着说："是的，若能造这样一座塔，我愿意卖掉部分田产，将资金用于其中。"

那以后，儒生们便常聚在一起筹备此事，渐渐地，参与此事的人越来越多。

半年后的某一天，西溪岸上的村庄宛如赶集一般。儒生们陆陆续续结伴而来，为了捐款，有人卖掉自己的部分藏书，有人卖掉了一些田产。附近不少村民也深受感动，称此事为"壮举"。几位工匠结伴而来，都说自己拿不出什么钱财，但非常愿意为此事效力，还说自己能为修建杭公塔出一份力，也是功德无量的事……

就这样，在众人的努力下，杭公塔终于建成了。这是一座石塔，虽然不算雄伟，但也显出几分气派。竣工之际，许多人都来登塔眺望，在塔上环顾四周，一眼看去，气象开阔，西溪的水中映着天光云影，无限胜景尽收眼底。人们说起杭公的事迹，感慨万千，认为儒生们做了一件了不起的大事。

杭公塔修建于清朝咸丰年间，此后，人们多次维修过，还把自家存放的杭公著作捐出来，放到塔里，供他人阅读。

不少人从杭公塔里了解到杭公的生平与事迹，为杭公的人品和学识所震撼，对他的仕途遭遇也颇为同情，人们终于记住了这位以天下为己任的大学者。

因为有这座塔，官府也颇受感动，后又在塔附近建了杭公祠。

杭公幼时家境贫寒，但聪敏好学，于清朝雍正二年（1724）考中举人，乾隆元年（1736）授翰林院编修，勤于校勘编纂之职务，深受朝中大臣的器重。

清朝时期，每逢有灾祸降临，皇帝都会下诏要求获得臣子的直言，以修正皇帝的言行，求得天下太平。乾隆八年（1743），天下大旱，乾隆也遵循惯例，在翰林院开设了"阳城马周科"来组织考试，希望能够在官员中挑选一些正直敢言、通达政体的人。因阳城、马周都是唐代出名的谏官，这个考试故而得名。

杭世骏认为乾隆一定也像李世民一样能从谏如流，一到考场上就激情满怀地写了一篇数千字的《时务策》，批评朝廷用人有偏见，说天底下汉人多满族人少，但是各地总督却没有一名汉人，还说江浙本来就是人才辈出之地，但江浙出身的官员长期得不到升迁。

杭世骏所写的确实是当时的实情，文章也写得汪洋恣肆、一泻千里，他满心以为会打动乾隆，改变这样的现状。然而，这样的文章恰好触及了"满汉畛域"这个最敏感、最让乾隆忌讳的问题。

乾隆皇帝一看这样的文章，顿时龙颜大怒，当即拍着案桌大吼道："简直是一派胡言！满汉远迩，皆朕臣工，朕从无歧视。国家教养百年，满洲人才辈出，何事不及汉人？"乾隆认为，杭世骏作为江浙人，在抱怨自己得不到升迁，是"怀私妄奏"，要处以死刑。

在场官员们吓得大气也不敢出。但见乾隆的怒气久久不散，非要给杭世骏治罪，有几位官员慌了神，便跪下磕头，替杭世骏求情，说他罪不至死，请皇帝开恩。

远望河渚塔

刑部尚书徐本见乾隆不为所动，赶紧说杭世骏就是一名狂生，还在做生员的时候，就喜欢瞎说，高谈阔论，皇上英明，不必与这个狂生计较。徐本说完，便不停叩头，一直把额头都叩肿了，乾隆的满脸怒气总算消了。

杭世骏终于被免去死罪，但也被革职回到了故乡杭州。

在杭州，他以教书为业，有时候也摆旧书摊，甚至买卖旧物。乾隆十六年（1751），乾隆南巡来到杭州，见到西湖美景心情大悦，不由得想起李卫主持编纂的《西湖志》，此书有四十多位作者参与，以杭州本地作者为主。想到这里，乾隆不禁想起杭世骏来，他也参与过编纂，当年把他革职，现在他怎样了？

地方官找来杭世骏。乾隆见他虽穿着布衣，面容消瘦，却颇有仙风道骨的气质，不禁笑道："你性情改过了吗？"杭世骏摇头："微臣老了，不能改了。"乾隆说："你老了为什么还不死？"杭世骏反应颇快，立刻答道："臣还要歌咏太平盛世。"乾隆不禁大悦，又问："那你靠什么为生？"杭世骏自嘲道："收拾破铜烂铁来卖。"乾隆来了兴致，叫身旁卫士捧来笔墨，亲手书写"买卖破铜烂铁"赠给杭世骏，以此显示自己心胸宽广，不计较他过去的鲁莽与冲撞。

乾隆回到京城后，忽然下诏让杭世骏官复原职，这让朝中许多大臣一时都没回过神儿来。他们觉得这是乾隆要重用汉族官员的前兆，不少人高兴得偷偷在家庆祝。

杭世骏晚年主讲广东粤秀书院和江苏扬州书院，培养了很多学识渊博的人才。他继续著书立说，写了很多传世的作品。

杭世骏无疾而终，享年七十七岁。他的一生，堪称传奇。河渚一带的文人为他造塔，歌颂他，纪念他，实在也是做了一件大好事。

太平天国时期，石达开率军进入浙江，曾经在西溪驻军休整，他见杭公塔位置高，就把杭公塔当作训练指挥塔。

清朝末年，战争不断，杭公塔终因年久失修而坍塌。

2012 年，杭公塔移址重建于河渚街蒋相公祠西侧，因位处于河渚街上，许多人便称之为"河渚塔"。

参考文献

〔清〕杭世骏：《杭世骏集》，浙江古籍出版社，2015 年。

一曲冤歌唱百年，
墓塔遗恨说青天

史迹链接：慧定法师墓塔位于杭州市余杭区安乐山东麓，墓塔呈六面形，坐东向西，是重建的墓塔，由 6 块石板构筑而成，每块石板高 1.66 米，宽 0.7 米，塔刹高 1.24 米，底座高 0.26 米，底座每边长 0.76 米，整个墓塔高 3.08 米。这个墓塔原来在余杭区东门外文昌阁旁的小青庙，因建余昌公路，1985 年，余杭县人民政府出资，按原样迁建慧定法师墓塔于安乐山东麓。2015 年，慧定法师墓塔被公布为杭州市市级文物保护点。

时值深秋。天色昏暗，秋风瑟瑟，大路上匆匆走着几个赶路的行人。

石门塘准提庵内，慧定手持一把大扫帚，正在扫着地上的落叶。偌大的庭院在她单薄的身影映衬下，显得格外空寂。忽然一阵猛烈的大风刮起来，围墙根上的几棵大树开始左右摇晃，刚刚扫完的地上，又铺上了一层枯黄的叶子。慧定并无怨言，她专注地看着地上的落叶，默默地清扫着。她喜欢把自己沉浸在某个机械重复的劳作中，这样会忘记很多事情。

妙真在树下唤着慧定，慧定也毫无察觉。妙真便走到她跟前说："师姐，有位施主要见你，师父让我来叫你去禅房。"妙真比慧定年轻，说话做事却更从容而淡定。

慧定呆立了片刻，想不出还有谁会来见自己，但也木然地搁下扫帚，跟着妙真往禅房走去。来这里已经一年有余，慧定依然没有从恐惧之中走出，她常常在夜里大叫，苦苦哀号，醒来时浑身是汗，脸上还淌着泪……师父给她起了法号"慧定"，是希望她放下一切，安定地诵经念佛，她却时常觉得自己修行的定力还不够。

远远地，她已经看到禅房门口师父与一位男子对坐着，看样子是在等待自己。慧定凝神细看，啊，竟然是他来了！她感到心里一紧，浑身一震，险些跌倒在小径旁的石头上。好一会儿，她才努力使自己镇定下来，继续往前走。

慧定法师墓塔

师父双手合十，只对她道了一声："阿弥陀佛。"便与妙真一起离开了。慧定感觉头顶有巨石压下，不知道怎么开口。倒是他先说话了："听说你出家了，我便过来看看。"

慧定张了张嘴，却什么也说不出，只是低着头，任由泪水滑落。"过去的事就让它过去了吧。佛门是清净之地，愿你好好修行。"慧定终于抬起头来，哭着喊出了声："杨二爷，是我对不住您！今生只能为您诵经祈祷，来世让我做牛做马来向您赎罪！"

杨先生却摇摇头，沉痛地说："我不怪你。"他看着她，露出了凄然的微笑，向她拱拱手告辞走了。慧定看着他一瘸一拐地走向庵门，泪水模糊了视线。他的腿在大牢里就被活生生打断，现在还这样走路，怕是一辈子都好不了了。

所有的一切都是自己造成的！

那一刻，慧定耳畔又响起师父的教诲："出家人应该心如止水，摒弃所有杂念。"她想，终于有机会说出那句"对不住您"，从此，可以心如止水了。

此前，她多么恨自己啊！如果自己和丈夫葛品连没有租杨乃武先生家的房子，如果自己没有跟着杨先生学认字，如果自己及时寻医，不至于让丈夫突发疾病后一命呜呼，如果自己咬牙忍住酷刑宁死也不冤枉杨先生……

那么，后来的一切就是另一番光景了！

一切恍若隔世啊！

慧定俗名毕秀姑，人如其名，清秀、美丽。那时候，她经常穿着绿衫、围着白裙，水灵得就像一棵白菜。街坊邻居因此叫她"小白菜"。她的丈夫葛品连，敦实、粗俗、狭隘，其貌不扬，却学得一门好手艺，会做雪白的豆腐。每天靠着卖豆腐，一家人也能维持生计。

他们夫妻租了杨乃武家的房子，杨乃武夫妇俩都对她很友善。丈夫出门做买卖后，她一人在家，杨太太便来叫她一起吃饭。起先她也极力推辞，但杨太太那么真诚，她无法拒绝。她得承认，她喜欢跟杨先生一家老小坐在一桌吃饭，她喜欢杨先生夫妇。他们老是夸她聪明，说她要是念过书，会比很多富家小姐知礼懂理。杨先生是举人，说的话当然是真的。杨先生在家里教孩子认字，顺便也教她，没多久，她就认得好多字了……那一段日子，怕是她这二十余年里最温馨、最值得回忆的时光了。

是什么时候开始，街坊邻居总是用异样的眼光打量她，婆婆和丈夫总是指桑骂槐地斥责她？有些淘气孩子还跟在她身后喊："羊（杨）吃白菜了！"

丈夫故意不出门，躲在窗外偷听杨先生教她识字……那当然只是识字而已，还有那么多小孩在一起啊！

杨先生察觉到了变化，有意提高房租，迫使他们搬家了……

为什么当时不搬得远一点，比如离开余杭县？

清朝同治十二年（1873）十月初七，丈夫突发疾病，几服药还没吃完，便溘然长逝。婆婆不问青红皂白，只怀疑她害死了丈夫，说她是"潘金莲"，要求县衙验尸。县衙抓了她就严刑拷打……那一年，她才十七岁啊，哪里能忍受那生不如死的刑罚！她在逼迫下认了罪，说是和杨先生合谋毒死了丈夫。

杨先生常常为贫苦人家写状纸，早就把县官得罪了。这正好给了县衙借口。很快，杨先生也被抓入大牢，在各种酷刑下也屈打成招……他被处以斩首，她被处以凌迟，秋后就要执行判决。

杨太太和杨先生的姐姐悲愤不已，她俩变卖家产，从杭州府到京城，层层上告，誓死要讨得公道。

杨先生蒙冤受屈也引起了余杭县许多有识之士的不满，众人为他多方奔走。后来，连《申报》这样的影响力很大的报纸也来报道此事。终于有一天，慈禧太后也得知此事，下令要重新审查。

清朝光绪三年（1877），他俩终于被宣布无罪释放。

杨乃武悲喜交织，到处叩谢那些帮助过他、为他呼吁过的人。而她，恍然觉得自己从地狱中爬出来了，终于又见到了青天。

然而，说是洗净了冤屈，杨先生的举人身份却未恢复，她甚至还得不到婆家的谅解。走投无路之际，她只好来了这准提庵里，削发为尼。

准提庵香火寥寥。慧定来了以后，这里发生了很大变化。慧定是个勤劳的女子，在庵后养了猪，还养了许多鸡鸭。每每卖掉一些家禽，庵里的生活又能维持一段时间。慧定还买来很多大缸，在里头填了淤泥，种了荷花。她觉得，所有的花都不如荷花高贵，它在淤泥里生长，开出来的却是天底下最纯洁的花朵，自己要是也像这荷花一样就好了。

其他尼姑都很敬重慧定。

慧定在青灯古佛旁度过了余生。七十五岁那年，她坐在一个大缸里圆寂。那缸原是她买来打算种荷花用的。

临终前的日子里，她用黄表纸留下一段由她口述、妙真执笔的遗言：

> 杨二爷蒙受天大的不白之冤，人身受尽摧残，此时此事，终生难忘。均我所故，均我所害。二爷之恩，今生今世无法报答，只有来生再报。我与二爷的关系是清白的，后人如有怀疑，可凭此纸条作证。

慧定圆寂的时候，许多知道那桩冤案始末的人已经作古，那毕竟是半个多世纪以前的事了。然而，得知慧定圆寂的消息后，不少人再次询问起那桩冤案，便了解到慧定的种种不幸遭遇。人们在准提庵看到了慧定留下的遗言，不禁为她的勇于担当和勇于认错的精神而感动。

人们很同情慧定一生的遭遇，对她出家后，为佛门所做的贡献也很钦佩，都希望能为她做点什么。县城里，东南义庄的董润卿会同姚锡和、沈尔康等绅士商议，先把慧定禅师安放在大东门外文昌阁附近小青庙里。经过一番讨论，众人认为，对出家人而言，修一座墓塔来纪念她是最为妥当的事。

大家便请来余杭最好的石匠，买了上好的青石板，为慧定禅师建造了由六块青石板拼缀而成的墓塔，隆重地安葬了她。

墓塔正面的石板上还刻上了秀才董季麟为慧定禅师作的诗：

（一）

自幼持斋愿守贞，此身本不恋红尘。
冤缘强合皆前定，奇祸横加几莫伸。
纵幸拨云重见日，计经万苦与千辛。
略将往事心头溯，静坐蒲团对碧筠。

（二）

顶礼空皇了此身，哓哓悔作不平鸣。
奇冤几许终昭雪，积恨全消免覆盆。
泾渭从来原有别，是非谁谓竟无凭。
老尼自此真离脱，白水汤汤永结盟。

这两首诗记录了慧定与杨乃武的冤案，也写出了慧定禅师的心声。

墓塔临古运河，面朝安乐山。1966年初，因修船闸，拓建公路，墓塔被毁。直到1985年，余杭县人民政府出资，按照墓塔原来的样子把墓塔重建到安乐山东麓。在墓塔入口山坡的下方，有一块长方形大石碑竖立着，碑题"毕秀姑传略"，碑文记录了她的一生。

自此，慧定禅师长眠于风景秀丽的安乐山上。人们十分同情遭受冤屈的她，也衷心希望那样的悲剧永远不要再发生。

参考文献

1. 余杭镇志编纂办公室编：《余杭镇志》，浙江人民出版社，1992年。

2. 中共杭州市余杭区委党史研究室编：《岁月留痕——口述余杭历史（三）》，杭州出版社，2018年。

祈福塔

王子筑塔愈沉疴，
狮山百姓共安乐

史迹链接： 安乐塔位于杭州市余杭区东南的安乐山顶，始建于五代吴越时期。安乐塔是一座六面七级楼阁式砖塔（原塔为六面五级，明朝时期，董钦增筑至七级），如今塔檐均毁。安乐塔通高35.28米，底径8.6米，塔座直径6.77米。每层塔门均作南北对开，一至四层外表面用砖砌出倚柱、阑额、斗拱及火焰形龛4个，五至七层外壁素面。塔内建有螺旋形砖石台阶，共151级，为壁内折上式，沿着阶梯，可以逐层攀登，直到塔顶。1984年维修时，发现塔顶覆钵上铸有清嘉庆甲子年（1804）修葺纪事铭文。2011年，安乐塔被公布为浙江省省级文物保护单位。安乐塔与苕溪对面的舒公塔遥相呼应，有"小雷峰塔"之称。

天色渐渐暗下来了，四周变得十分安静，但山上和王府里不一样，到处有虫吟的声音，还有青蛙呱呱的叫声。

王子披了一件外衣，缓缓向屋外走去。还未走出卧室，侍从已经朝他拱手道："屋外湿气重，王子还是坐在屋里更利于养病。"王子叹口气，便停下了脚步，望着窗外出神。那里，深蓝的天空仿佛一块硕大的幕布，还点缀着许多闪烁的星星。

侍从抬出椅子，放到他的身旁，他便喘着气坐下了。如同父王所言："这样的病体，能照顾自己就已经不错了，以后还怎么带兵打仗，怎么保护这富庶的吴越国？"王子闭上眼，十多年来的经历不断在眼前浮现。

从小时候开始，每天都有几件极为痛苦的事：吃饭，吃药，看兄弟们比武。他从小就不喜欢吃饭，不管面对什么山珍海味，他都没什么胃口，然后就有一些忧心忡忡的大夫围着他，把脉、会诊、开药方，厨房开始煎药，整个钱王府里到处都弥漫着苦涩的气息。那时候，兄弟们在庭院里摔跤，比试射箭，热火朝天地奔跑着、打闹着，他只能在一旁傻坐着，面色苍白，一言不发。他们的每一声欢呼，对他来说，都是那么刺耳。他和他们一样贵为吴越国王子，但是，他们的欢乐从来不属于他。

去年，一位高僧来到王府，与钱王谈了很多事情。高僧说："王子殿下天生体弱，加上从小就养在这王府里，太娇贵了，经受不起任何风雨，应该把他放到山野里，多与农人待在一起，或许他的病情会有好转。如果能适当做点体力活，可能会更好。"

钱王认为高僧见识广博，又懂得医术，比王府里很多大夫说得都在理。

钱王望着对面的狮山问僧人："你看那里怎样？让他去山野里过点穷苦日子，在泥土里摸爬滚打，不那么弱不禁风，我就千恩万谢了。"高僧答道："狮山很好。可以多派一些仆役陪他。"

钱王满含期待地说："我立刻命人在狮山上搭建几间草庐，让王子去那里住上半年一年，如果病情好转，我一定赏你千两白银。"高僧摇摇头道："若是王子能病愈，也是小僧的幸运。到时候不必赏银于我，只需要把这银子拿去筑一座佛塔，让吴越国百姓可以礼塔敬塔就足够了。"钱王便欣然答应了。

之后，王子便坐着马车来到了狮山上。尽管这山离钱王府也不远，但毕竟没有城市的繁华，也远离了亲人们的关爱，王子感到十分孤独和委屈，觉得自己被抛弃在山上了。

每天，王子都会读读书，或者在草庐周围走走。这里条件不好，但空气清新，景色秀丽，也是王府不能比的。

天气逐渐暖和起来，王子也逐渐能走得远一点了。一天，他看到山腰上仿佛有一大片绯红的云霞，感到十分好奇，仆役告诉他："那是桃树开花了。"王子便缓缓往前走，渐渐地靠近桃林。他从未见过那么多桃花，一朵朵，一簇簇，灼灼盛开着，娇艳无比。他还惊讶地发现，有一个须发花白的老头站在树上，正拿着一把大

安乐塔

剪刀把一些密匝匝的花枝剪断。

王子觉得太可惜了，把老头扔在地上的桃花捡起两枝来，递给仆役，让他插进草庐的花瓶里。老头见是贵人，赶紧从树上滑下来，朝他们作揖问候。王子问："这花开得好好的，为什么要剪掉呢？"老头告诉他："花开得太多，会把养分全部吸收了，以后就不能长出好的桃子。"

王子感到十分新奇，一下子起了玩心，拿起剪刀也来剪那桃枝，一边剪还一边问老头："我这样修剪是对的吧？"那天，他修剪了好几棵树，累出了一身汗。仆役很担心，赶紧把他带回草庐，让他躺下休息。

所幸，王子并没有什么不适，到午餐的时候，还比往日胃口好了很多。王子躺在卧榻上，回想起修剪桃枝的情景，觉得非常开心，这可是他从来没有尝试过的事情啊，这是不是那个僧人说的"体力活"？

第二天清晨，王子又在仆役的陪同下，去了那片桃林，那个姓何的老头还在修剪桃枝，王子又去帮忙。何老头很惶恐，却又不敢拒绝。他只好又找来一把剪刀，陪着王子一起修剪，他把低处的留给王子，自己则爬上树，去剪那高处的树枝。

连续几天，王子都来帮忙。王子觉得桃林很美丽，这个剪枝的事很好玩。每次，他都要把自己弄得满头大汗后才回去休息。

渐渐地，他和仆役都发现了一个可喜的现象：他不再像从前那样不想吃饭了。王子甚至常常会感到饥饿，看什么食物都觉得好吃，这是他在王府里从未有过的感觉。他喜欢这种感觉，过去那个苍白无力的少年仿佛消失在记忆深处了，眼下的自己，似乎正在滋生着力量。这种力量促使他总想去找点事情来做，比如帮仆役们剥豆子、打扫草庐之类的。大家自然是不要他帮忙的，他便去附近老百姓的地里看看，跟他们聊天，帮他们收拾农具。起初，老百姓都惶恐地拒绝他，时间一长，大家就习惯了，都很喜欢他。

山里的花开了又谢了，到处生机勃勃，草更青了，树也更绿了。知了在树上长鸣，一些不知名的鸟雀常常在草庐前飞来飞去。王子放下手中的书卷，起身伸了个懒腰。映入眼帘的是满山苍翠的树林，这山里真是美啊！

他忽然想起，好久没去看看那片桃林了，不知道是否真像何老头说的那样，会结出很多果实？他饶有兴致地往那里走去，远远地，他又看见何老头在树上忙碌。走近一问，原来老头正在捉虫。王子又觉得新奇，踮着脚尖，到处去看那虫子在哪里。那些碧绿的小桃子，藏在树叶丛中，十分乖巧的样子，偶尔有一只虫子，慢慢地在桃叶间蠕动，他便轻轻地把它捉下来。

王子非常羡慕老头能爬上爬下，自己便模仿着老头的样子去爬树，他抱着树干，终于在仆役的帮助下，爬到一棵大树上。透过那稀疏的树枝，他看见远处山下的翘檐斗拱，好一处华美的建筑啊，凝视了好一会儿，他才发现那里就是钱王府啊，换了一个角度看，原来这么美！他想起了父王和母亲，什么时候可以回去看看他们呢？

一天午后，王子从午睡中醒来，忽然看到案桌上有一盘熟透的水蜜桃，大概是何老头送来的吧。那蜜桃红中带绿，薄薄的皮仿佛吹弹即破。王子拿一个咬上一口，汁水喷涌而出，真是比蜜还甜！王子激动地叫来仆役：去买一些蜜桃送到王府吧，给父王，给母亲，给各位兄弟，好久没见他们了啊！王子感到自己从来没有那么迫切地想回家了。

天气晴朗，下山的路到处绿意盎然，路旁开满了野花，蜂飞蝶舞，十分热闹。他轻松地走着路，想起从前的日子里，他常常没精打采地躺在床榻上，在马车里锦袍捂得严严实实，十多年也不曾见过几次这山中美景……王子走得汗流浃背，回头望望，草庐在山上静默着，依稀还可以看见屋顶。他暗暗地想着：如果像高僧说的那样，在这里建一座宝塔会怎样呢？

王子几乎是小跑着往山下而去的，仆役们牵着马紧紧地跟在后面，那些马匹的背上都驮着一筐筐蜜桃。他的母亲早已经迎出来了，后面是父王，还有兄弟们。大家都吃惊地看着他。他不再是那个病恹恹的王子了。众人眼前的少年迎风而立，风采卓然，一点也不比众位兄弟逊色。王子向父王和母亲磕头问候，母亲一把搂住他，高兴得眼泪直流，却说不出话来。

晚餐的时候，父王让他给兄弟们讲一讲在山里的感受。王子便把自己如何帮助何老汉管理桃林的事说了。

"以前听父王说要理解民生疾苦，并不明白其中的含义，现在终于体会到了。"王子说着，看到父王正在颔首微笑，兄弟们也都很佩服地看着自己。

父王派人去找去年那位高僧，才得知他已经云游四方去了。父王问王子接下来有什么打算。王子告诉父王："高僧曾经说过，孩儿身体康复后要在狮山上建一座塔，我想去完成此事。"

于是，王子找来工匠，一起回到山上。工匠们勘测地势、商量着怎样设计和修建的时候，王子已经想好了塔名。王子告诉他们："佛经上说，建造佛塔，可以消除业障，广积福德，不但能够令自己证悟菩提道，还能使众多受苦的人解脱。这座佛塔，就名为'安乐塔'，希望我吴越国百姓礼塔敬塔，获得安乐。"

半年后，佛塔建成了。王子陪同钱王登上安乐塔，微风徐徐吹来，王子从塔门往下望去，整座城市尽收眼底，他不禁想起自己曾经在桃树林里眺望王府的情景。那一刻，他忽然明白了，自己当年为什么体弱多病，那其实与长期缺乏活动有关，如果那时候的自己每天都能像今日这般登塔远眺，是不是就会体格强健，不那么虚弱呢？他不能回答自己，但他看见父王满意地点头，正在拈须微笑，他想，自己再不会像从前那样让父王担忧了。

参考文献

杭州市余杭区地名委员会办公室编：《杭州市余杭区地名志》，海潮出版社，2008 年。

延爽筑塔佑外甥，
保俶古塔如美人

史迹链接：保俶塔位于杭州西湖北岸的宝石山上，原称应天塔，又名保叔塔、宝石塔。始建于五代时期，原为六面九级，北宋咸平年间重修时改为七级，历代多次修建。现在的实心塔是民国二十二年（1933）的杭州市市长赵志游和邑人程学銮等人发起重建的。现为八面七级，通高45.3米，底层边长3.26米。墩座高约65厘米，其东、南、北三面为旧建筑的基座，用长方形花岗岩石垒成，西面墩座由岩石直接凿出，旧建筑的基座与宝塔的墩座合二为一。保俶塔背面嵌《重修保俶塔记》碑，第七层顶部有木制的天花板。塔刹铁质黑色，由宝瓶、相轮等组成。保俶塔于2013年被公布为全国重点文物保护单位。

九月的杭州，虽已是秋日，但大清早就异常闷热，瓦蓝的天空中没有一丝云彩，连日的晴天把码头边的一排排柳树也炙烤得毫无生气可言。然而，人们顾不上天气炎热，一早就来到京杭大运河的岸边，柳树下、石头旁，到处站满了百姓、士兵和官员，他们纷纷挥手，向站在船头的钱俶告别。

钱俶神色泰然，微笑着向他们挥手、致意，此时，他的心中其实充满了忐忑和焦虑，但他还是竭力让自己的笑容自然而温和。

此去汴京（今河南开封），是吉是凶，会有什么样的遭遇，谁也说不清楚。都说天意难违，谁能告诉他天意是什么？都说"伴君如伴虎"，此行的目的就是去伴那中原王朝的"虎"，那会是仁慈的"虎"吗？

就说自己的名字，此前还叫钱弘俶，为了避中原皇帝赵匡胤的父亲赵弘殷之讳，已经改为钱俶。要保住祖父留下的江山，要让吴越国百姓远离战争、安居乐业，这一点屈辱其实不算什么。社稷、江山、子民，钱俶每每想到这些，心里又揪紧了。

前些日子，钱俶已经带着家人到各个寺庙上香，祭拜佛塔，还去祠堂祭拜祖先。他祈求佛祖以及钱氏列祖列宗庇佑他此行顺利。

他向来谨遵钱氏的训诫，以天下苍生安危为念，"重民轻土"，尊重中原朝廷。他心地善良，又诚心向佛，在他的支持下，吴越国境内先后修建了不少佛塔，吴越国不少百姓都是皈依佛门的俗家弟子。

到宝石山上祭拜之前，钱俶颇有些犹豫。

宝石山位于西湖的北面，山上有奇峰怪石，各类岩石大多是赭红色。一到天晴，在阳光映照下，宝石山就会像红宝石一样熠熠闪光，故而得了此名。每逢佳节来临，吴越国的百姓都喜欢去山上欣赏美景。几年前，钱俶命令娘舅吴延爽在此山上主持修建了宝塔和寺院，人们便更喜欢登临宝石山了。每当落日余晖给宝石山笼上一层绯红的霞光时，那宝塔就像一位婀娜多姿的新娘一般，在山顶亭亭玉立。整个杭州城的百姓都会在落日的余晖中翘首凝望那宝塔，因宝塔在宝石山上，人们便称之为"宝石塔"，又因这宝塔的缘故，人们把"宝石山"唤作"宝塔山"。

钱俶也很喜爱这座宝塔，每当心中有点什么烦闷之事，就会从王府的阁楼上眺望那座宝塔。民间说宝塔像美人，确实不假，它线条柔和，恰似美人婀娜的背影。钱俶凝神思考时，那宝塔又如一剂安神的药方，让他为国事焦虑的心情慢慢得到平复。

这些确实是吴延爽的功劳。

钱俶小时候就跟几位舅舅感情很好，后来他被拥立为吴越国王，也得到过舅舅们的鼎力相助。倘若是在民间，这种血浓于水的亲情不会有大的变化，然而，钱俶的家族毕竟与寻常百姓的家庭有太大区别了。钱俶和吴延爽的关系也与一般的娘舅和外甥的关系有着天壤之别。

吴延爽手中有了大权后，渐渐变得盛气凌人，常常在私底下大放厥词："论资历，论地位，吴越国上上下下谁能比得过我，连吴越国王都是我抱着长大的，我要是说一，谁敢说二？"

起初，钱俶听到这些话，敬他是娘舅，便装作不知。吴延爽便越是妄自尊大，自以为是。

吴延爽和钱俶一样，信奉佛教。前些年，钱俶派吴延爽去迎接唐朝高僧善导和尚的舍利。善导和尚是唐代高僧，是净土宗的实际创始人，于唐高宗永隆二年（681）圆寂，其舍利保存在东阳（今浙江金华）。钱俶很希望将高僧舍利安放在杭州。

宝石山上保俶塔

　　吴延爽把舍利护送回来之后，钱俶又让他主持修建九层高塔来安放舍利。吴延爽对此事也可谓尽心尽力，曾经带人到处寻找适合筑塔的地方，直到一日带着家人到宝石山赏花，见到流光溢彩的春景，他才恍然大悟：这宝石山上不就非常适合筑塔吗？他的意见得到钱俶的支持，他便诚心造塔。

　　等宝塔建好后，吴延爽又在旁边修筑了寺庙，让僧人们每日在宝石山上诵经礼佛，祈求神灵保佑吴越国主。这一切，都让钱俶十分满意和高兴。

　　按理说，吴延爽迎来了高僧的舍利，又造好了典雅的宝塔，是立了大功的。但他不仅没有在渺渺佛音中安抚狂妄自大的心，反而变本加厉，更加骄横，甚至欺压钱俶几个王妃的家族，并且口吐狂言，说即使是钱俶也不敢把他怎样。几个王妃不约而同地向钱俶哭诉，钱俶一怒之下，以"谋叛罪"为名，把吴延爽流放到外地。

钱俶恨娘舅不能识大体顾大局，甚至"恨屋及乌"，对吴延爽在宝石山上修建的宝塔也不那么热心了。

这次即将远行，钱俶思忖再三，最终还是下决心去宝石山上绕塔三周，又在寺庙里上了香。毕竟吴延爽造塔的时候还是怀着一片赤诚之心的。

同去的孙妃仿佛也忘记了吴延爽当年的专横跋扈，她仰望着晨光中的宝石塔暗暗惊叹。因吴延爽被流放，钱王迁怒于与吴延爽有关的各种物事，包括这座精美的宝塔，故而，她和王府的妃子们都已经很久没来过这宝石山了。今日见到保俶塔，不禁再次被它深深吸引，伫立良久，她也不舍离开。直到钱王缓缓移步，她才如梦初醒，只喃喃祈求道："宝塔宝塔，请保佑吴越王全家人能平安顺利归来。"

很快就到了出发这天。吴越国的百姓依依不舍地向钱王告别，他们甚至偷偷地擦拭过眼泪，担心这位令吴越国上上下下敬仰爱戴的钱王一去不复返……

运河的水缓缓流淌，一条条华丽的船只装载着金银财宝，宛如几条昂头前行的游龙，两岸的景物纷纷往后退去。

钱王立在船头，各种愁绪纷纭杂沓地笼上心头。

然而，到了汴京后，一切都令钱俶感到意外。黄袍加身的皇帝赵匡胤热情而真诚地接待他，甚至允许他穿着鞋袜、佩着宝剑上朝，给他的诏书上没有直呼其名，而是保留了他的封号。对于赵匡胤给予的尊重和信赖，钱俶又是感动，又是感激，百感交集，忍不住热泪盈眶。赵匡胤还叫弟弟赵光义与钱俶结拜兄弟，这让满朝的文武百官都异常吃惊。

赵匡胤诚心挽留钱俶在汴京多住些时日，但也理解他渴盼回杭州的心情，没过多久，赵匡胤册封了钱俶一家，赠送了许多礼物，还把孙氏册封为王妃，钱俶便与赵匡胤依依话别，踏上了归程……

临走时，赵匡胤还赏赐了一册密封的黄皮书卷，吩咐钱俶离开汴京才能拆开密看。钱俶很忐忑，终于等到出了京城的地界，打开书卷，竟然全是大臣们劝皇帝把钱俶留在京城的奏章。钱俶十分惊恐，秋风袭来，他感到后背全是冷汗，但也充满侥幸的欢喜，皇帝胸襟开阔，用人不疑，对他恩重如山，着实令他感动，他朝着汴京的方向叩首，知恩图报之心溢于言表。孙妃扶他起身，两人不禁相拥，喜极而泣。

回到杭州，钱俶又到寺庙里上香，拜祭佛塔，感谢佛祖护佑其全家平安归来。

那以后，民间便有传言说，多亏有吴延爽先前造了宝塔，保佑了外甥钱俶的性命，还保了钱俶的江山。

然而，好景不长，"斧声烛影"事件后，宋太宗赵光义即位，钱俶倾其所有，把吴越国能拿出的珠宝又装满十几艘船，再次到汴京拜见新皇帝。这一次，他甚至献出了吴越国土地，上表"纳土归宋"，却最终没有打动曾经与他称兄道弟的赵光义，最终因赵光义赏赐的毒酒而客死汴京。

一座塔乃至杭州所有的塔，都不可能使人永固江山。宝塔没有保住钱俶的性命，但吴越国五代国主毕竟保护了百姓免受战争之苦。如今，美丽的西湖还在，富庶的杭州还在，吴越大地上，百姓们还在生生不息地创造着丰富的物质与精神财富。

波诡云谲的吴越国历史远去，唯有塔影悠悠，宛如美人的身影映照在西湖上，留待人们去思索缅怀……

不过，今天人们所见的保俶塔，早已经不是当年吴延爽所建造的宝塔。吴越国灭亡后的几十年里，宝石山上也变得萧条，僧人散去不少，山上荒草萋萋，宝塔渐渐颓圮。人们在西湖边上眺望宝石山，纷纷为宝塔摇头叹息。

直到北宋咸平年间，一位被人们尊称为"师叔"的永保和尚风尘仆仆地来到杭州，他双目患疾，已经走了很远的路，但他一来到宝石山上的寺庙里便打扫禅院，诚心礼佛，让寺里的僧人十分感动。

永保和尚见宝塔破败不堪，便下定决心要募捐重建宝塔。

整整用了十年光阴，永保和尚终于募集到足够的资金。他找来工匠，将宝塔重修，使其焕然一新。宝塔由原来的九级改为七级，却愈发显得精致典雅。人们被永保师叔的精神所感动，便称宝塔为"保叔塔"。

此后的一千多年里，宝塔屡毁屡建。

元朝至正末年，宝塔被毁，僧人慧炬主持重建。到了明朝成化年间，宝塔又被毁坏，正德九年（1514），僧人文铺主持修建。到明朝嘉靖元年（1522），宝塔再次遭到毁坏，嘉靖二十二年（1543），僧人永果再次主持修建[①]。明朝隆庆三年（1569），大风吹断了塔顶，

① 《西湖志纂》作"嘉靖二十三年"，《西湖梦寻》作"永固"。

塔也渐渐颓圮；到了明朝万历七年（1579）才得以重修……民国二十二年（1933），按照古塔原样又修葺了实心塔。1997 年，朽坏的塔刹被更换。保俶塔的最近一次维修是在 2020 年 4 月。

这座宛如美人背影的宝塔，遭遇那么多次毁坏和重建，这在杭州所有古塔中都是罕见的。由此也足以见得，无论在哪个朝代，宝石山上这座宝塔都是备受世人关注的。

这座宝塔的名字，也可谓丰富：宝石塔、宝所塔、保所塔、保叔塔、保俶塔。尤其值得一提的是，从"保叔塔"到最终定名为"保俶塔"，看似非常相近的称谓，却是经过了一番周折：

上文说到永保师叔重建宝塔后，很多人感念其精神的可贵，特意称宝塔为"保叔塔"，宋、元、明、清一直都这么叫。时间长了，人们望文生义，认为"保叔塔"是指保佑小叔子的意思，还有了"宋嫂为了求佛保佑小叔才造塔"的故事。这个故事说：宋嫂的丈夫到边疆服劳役，宋嫂照顾小叔成人，小叔到边疆替兄长服役，兄长才得以脱身回到家乡，宋嫂于是造塔，祈求保佑小叔平安归来……这个故事有一定的合理性，很多人误以为真，便以讹传讹，把"保叔塔"的真正来历遗忘了。明朝末年，有人对此提出了质疑：造塔保小叔子？却不保丈夫？不保孩子？难道造塔的宋嫂跟小叔子关系更亲密？有位无名氏甚至在诗中写道："保叔缘何不保夫？夫情谅比叔情多。西湖纵有千顷水，难洗心头一点污。"

这样一来，人们纷纷质疑，认为"保叔塔"这个称谓有伤风化，道学精神使他们发起"正名运动"，就编撰了"吴延爽祈求国王平安造宝塔"的新故事，说吴延爽造塔为保外甥钱俶，这个塔实际上应该叫"保俶塔"。人们渐渐相信这个说法，于是称之为"保俶塔"。

直到清朝乾隆五十四年（1789），有人在宝石山发现吴延爽的建塔碑记残片，发现建塔的时间与钱俶去汴京朝见赵匡胤的时间相距甚远，而且，在给塔命名的时候，也不可能将国王的名字直接用在塔名上。

此时，距离吴延爽造塔，已经过去八百多年时光了……

参考文献

1. 杭州市民政局、杭州市地名委员会编：《杭州市地名志》，杭州出版社，2013 年。

2. 施奠东主编：《西湖志》，上海古籍出版社，1995 年。

3. 〔明末清初〕张岱：《西湖梦寻》，罗伟注译，北方文艺出版社，2019 年。

4. 〔清〕梁诗正、沈德潜等：《西湖志纂》，文渊阁《四库全书》本。

5. 〔明〕田汝成：《西湖游览志》，文渊阁《四库全书》本。

镇水患禅师造塔，
潮信来智深圆寂

　　史迹链接：六和塔位于杭州市西湖区之江路，始建于北宋开宝三年（970），塔高约 60 米，塔身为砖砌，外檐为木结构，外观呈八角形，塔外各层檐角挂有 104 只铁铃。每层塔身有外墙、回廊、内墙和方形塔心小室四部分。外檐十三层，七层与塔身相通，六层封闭，形成七明六暗的格局。塔内有阶梯可盘旋而上，到达顶层。每层塔墙四面辟门，通达木檐外廊。外廊宽阔敞通，登塔人可由塔内走向外廊。六和塔外观雍容大气，全塔设计精巧，结构奇妙。六和塔为杭州古城最重要的宋代建筑。1961 年，六和塔被国务院公布为第一批全国重点文物保护单位。

　　　　六和塔上一登临，当景江山入兴深。
　　　　云出云归天自在，潮来潮去水无心。
　　　　　　　　……

　　宋朝章仙岩的《六和塔》一诗，写出了诗人当年在六和塔上所见的开阔美景。每每读到此诗，人们总会对钱塘江岸天气澄和、风物闲美的景象心生向往，而六和塔，更是历朝文人墨客期盼登临的观景之地。

　　六和塔始建于北宋开宝三年（970），当时，吴越王

六和塔观潮

钱俶为镇水患，也为了给百姓祈福，就命令永明延寿禅师督建了此座宝塔。现存的六和塔是南宋时期重建的。

那时候，每到农历八月，钱塘江海潮汹涌起伏，淹没两岸的农田和庄稼，百姓的生命安全也遭到严重威胁。钱俶多次命令民工加固海塘，又多次来到钱塘江沿岸观察水势，希望能想出有效的解决方案。有人向他建议："不如在钱塘江边修一个宝塔吧。"钱俶眼前一亮，果然是好主意，只是，宝塔修在哪里？要交给谁来监督修塔才好？

一番思考后，他想到了一位得道高僧——延寿禅师。

延寿禅师是佛教净土宗第六代祖师，俗姓王，又名"永明延寿"。延寿禅师治学深严，懿行高尚，是永明寺（即净慈寺）第一代祖师。由他来主持修建宝塔，无疑是让钱俶最放心的，只是，他年事已高，能否担此大任呢？

　　北宋开宝三年（970），钱俶召见永明延寿禅师，见他面容清瘦但精力充沛，心里暗暗高兴，便向禅师征求建塔的意见。禅师十分理解钱俶，认为建塔是造福一方百姓的大事，必须慎重对待。钱俶便请禅师全权负责此事。

　　禅师对建塔的事非常尽心，每天提着禅杖，带着僧人在钱塘江岸行走、察看，希望找到适合建塔的地方。每次他都会考虑方位、地形、地貌，也会考虑周边环境，多方面比较；他往往是清晨出门，要到天黑才能回到庙里。很多天过去了，禅师也没有找到一处满意的地方，他的足迹踏遍了钱塘江岸。直到有一天，他来到月轮山上。

　　月轮山在钱塘江北岸，因形状如同月轮而得名。这里地势独特，风景秀丽，山腰上还有钱俶的果园，微风吹过，果园里似有千重绿浪涌起……"真是好地方啊！"永明延寿禅师赞叹道。他站在山巅眺望，"踏破铁鞋无觅处"，这里不就是绝佳的建塔之地吗？身旁的随行僧人仿佛看出了他的心思，不禁着急地提示道："这是大王的果园，恐怕不便征用吧。"禅师笑道："放心，大王诚心向佛，一心为民，肯定会答应的。"

　　果然，钱俶听了禅师的建议后，不仅没有生气，反倒大加赞赏。他立刻下令，移栽果树，就地修建宝塔。

　　从设计到施工，从挑选材料到选拔工匠，永明延寿禅师都做了缜密的思考和计划，他与工匠们反复比较，选择了因地制宜的设计，打算把六和塔建成八面的形状。

　　工匠们开始忙碌了。月轮山上，响起了石匠们的凿石声，工人们运送木材的吆喝声，还有附近树林里，鸟雀被惊动，翅膀翻飞的声音。更多的时候，还有禅师对工匠们讲话的声音："不能懈怠误工，不能偷工减料，要怀着虔诚之心造塔，要为百姓修一座造福千秋万代的宝塔！"为了更好地督建宝塔，禅师在月轮山上和工匠们同吃同住，许多工匠还因此而跟着禅师养成了茹素的习惯。

宝塔在月轮山上建成了，共九层，有五十多丈高。宝塔轮廓分明，层次清晰，塔外各层檐角还挂有铁铃，在月轮山的映衬下，显得格外恢宏与壮观。竣工那天，钱俶特意来到月轮山下。他见宝塔雍容大气，塔尖仿佛与蓝天相接，不由得颔首微笑。禅师陪同钱俶沿着塔内的螺旋阶梯向上攀登，每到一层，钱俶总会抚着敦实的塔壁和坚固的栏杆不停赞叹。他们来到宝塔顶层，往下

六和塔

俯瞰：钱塘江犹如一条巨大的白练横亘在眼前，涌动的江潮变得服帖，仿佛白练上的一道小小的褶皱……

钱俶对此景十分满意，又请禅师给此塔起名，禅师沉吟片刻，便回答道："佛教有六种规约，此宝塔用于镇钱塘江潮，也希望这一方百姓因此塔而和平安定，可以起名为'六和塔'。"钱俶非常高兴，立刻下令："宝塔以'六和'为名。"

后人也称"六和塔"为"六合塔"，取"天地东南西北六合之意"，以显示其广阔浩大的境界。据说，六和塔建成以后，钱塘江潮果然不再淹没两岸庄稼，而是沿着原先的河道平稳地流动。此外，六和塔还兼有灯塔指引航向的功用。那时候的钱塘江上，航船众多，遇到夜黑风高、波涛汹涌的时候，江上往来船只无法辨别方向，常有事故发生。有了六和塔后，人们可以凭借塔顶上高悬的明灯来辨识行船的方向，航行得到了安全保障。沿岸百姓都十分敬仰此塔，常在六和塔前焚香祈福，希望远行的亲人平安归来。为了方便善男信女们，官府又在此地依傍着六和塔兴建了六和寺，南宋时改名为开化寺。

一千多年来，民间流传着许多与六和塔有关的故事，《水浒传》中，花和尚鲁智深平生天不怕地不怕，最后却忽然在此圆寂，仿佛一曲高亢的乐曲转瞬间趋于沉寂，更是为六和塔增添了几分瑰丽和神秘色彩。

北宋末年，某个秋天的傍晚时分，天气依然很炎热，蝉鸣声声仿佛拉长了白昼，火红的夕阳给六和塔镀上了一层金光。

此时，六和寺外的驿道上，急促的马蹄声由远及近，渐渐地，到了寺庙门前，"吁！"一个年轻的士兵吆喝一声，一翻身从马背上跃下，快步冲到门前，焦急地叩打着寺门，却又竭力压低声音请求道："大师父，大师父，行行好，快开门哪！"

寺门吱呀一声打开了，僧人只看了他一眼，就愣住说不出话了，这个年轻的士兵衣衫破烂，左腿上有一道口子露出来，暗红色的血已经凝固……僧人面色戚戚，不忍再看，半晌才双手合十，连续道了两声"阿弥陀佛"。

士兵朝僧人鞠了一躬，说明来意。原来，被招安的宋江奉皇帝命令带兵镇压义军，虽然活捉了起义军首领方腊，但梁山好汉们也遭受了重创。眼看天色向晚，这一支队伍从睦州而来，正沿着钱塘江岸四处寻找歇息之地。好在六和塔巍然屹立，为众人指明了方向，队伍便朝这六和寺奔来。这个士兵正是宋江派来求救的先行人员。守门的僧人眉头紧锁，虽说佛门慈悲为怀，但忌讳血光，这些人是招来祸患，还是带来福音，谁能说得清楚？他不敢拒绝，也不敢怠慢，便请旁边的沙弥速速禀报住持。

很快，住持就携带一群僧人出来迎接，而梁山的队伍也慢慢来到了庙门外。为首的便是宋江，他环顾四周，认为此处背靠月轮山，前临钱塘江，静谧安全，正是队伍修养整顿的好地方，也方便随时听取皇帝的传令。

住持早已经命令沙弥打扫禅房，又把众位好汉请进寺院。众人脸色肃然，疲惫不堪，却也井然有序地走进，并没有什么言语。有的拖曳着兵器，有的相互扶持着，还有的牵着马匹。那些驮着粮草的马，经过这番血战后，行动已经十分迟缓。此时，一名身材魁梧的大汉却显得与众不同，他停下脚步，仰望着六和塔，又爽朗地笑道："先前听俺师父说起过这六和塔，今日见了，才知道它果然气势恢宏！"这人就是鲁智深，他袒胸露背，声如洪钟，只自顾自地说话，全然不像身处佛门净地。旁边的士兵们听了他的言语，才抬头仰望这六和塔，不由得心里暗暗赞叹：确实很恢宏壮观！

守门的僧人带鲁智深和武松进了禅房，才发现他们身上都有好几处刀伤，但见他们笑谈自如，不禁佩服道："两位果真是英雄好汉！"

这天夜里，月白风清，六和寺里住下一支队伍，却也和往常一样安静祥和。然而，半夜时分，鲁智深忽然被巨大的声响惊醒，那声音似战鼓声滚滚从天边而来，他凝神细听，便不由得大惊失色：难道是方腊的残余部队打来了？他立刻跳将起来，取了禅杖，就飞奔出禅房。这一折腾，武松和周围的僧人都醒了。僧人们赶紧问道："师父要去哪里？"鲁智深瞪大眼睛："战鼓在响了，我去迎战！"僧人们恍然大悟，纷纷笑道："师父，那声音是钱塘江的潮信。"鲁智深诧异地问道："潮信？声音这么大？"不等别人回答，他便半信半疑地来到六和塔下，往钱塘江望去，只见江潮涌动，正发出雷鸣一般的轰响。

江风阵阵，唤起鲁智深的回忆，他想起师父曾告诉过他："逢夏而擒，遇腊而执；听潮而圆，见信而寂。"此前擒了夏侯成，也活捉了方腊，可以算是"逢夏而擒，遇腊而执"，那么听到潮信到来又意味着什么？

在深蓝的夜空下，巍巍六和塔显得更加神秘和庄严。远处的涛声，塔下的虫吟，一远一近，都震撼着他的内心。一时间，鲁智深深深感受到天地的浩大和个人的渺小。曾经，他多么希望和众兄弟齐心协力替天行道，如今打了胜仗却发现，其实天下事什么也没有发生改变。钱塘江水落下的片刻，一切都将和这六和塔一样，归于宁静。

鲁智深的心霎时变得开阔而安宁了。他默默回到禅房，沐浴更衣，当晚便在六和塔下的禅房里圆寂了。

《水浒传》中的这一段故事，在民间流传甚广，六和塔也因此而天下闻名。

物换星移，朝代更替，六和塔见证了钱塘江两岸的风云变幻，也尊享各种殊荣。它一直是杭州的重要标志，作为全国第一批重点文物保护单位，它更是杭州人民的骄傲。

参考文献

1.杭州市地名委员会办公室编:《杭州市地名志》，浙江人民出版社，1990 年。

2.施奠东主编:《西湖志》，上海古籍出版社，1995 年。

3.马时雍主编:《杭州的古建筑》，杭州出版社，2004 年。

4.〔明〕施耐庵:《水浒全传》，岳麓书社，1998 年。

雷峰倚天如醉翁，
宗子解惑答船工

史迹链接： 雷峰塔位于杭州西湖南岸，大约建于北宋太平兴国二年（977），后遭受战乱的破坏，于南宋时重修，明嘉靖年间被倭寇纵火焚烧后仅剩砖砌塔身，1924年塔身坍塌。2000年12月，雷峰新塔奠基，新塔建在遗址之上，外观是一座八面五层楼阁式塔，完全采用了南宋初年重修时的风格、设计和大小建造。雷峰新塔通高71.679米，由台基、塔身和塔刹三部分组成。新塔台基以下两层，平面呈八角形。台基周边，装饰有汉白玉雕制的石栏杆，台基以上，塔身耸立，外观五层，各层屋面都覆盖铜瓦，每个转角处设铜斗拱，飞檐翼有下悬挂铜制的风铃。新塔塔身的二层以上，每层都有外挑平座，平座设栏杆，绕塔而成檐廊，可供游人登塔赏景。雷峰塔地宫发掘出来的文物非常丰富，是吴越王国鼎盛国貌的集中体现，对研究当时的工艺成就、佛教文化的影响，有非常重大的价值与意义。

阳春三月，夕阳洒下金辉，整个杭州城呈现出金灿灿的华美景象，西湖波光潋滟，湖上亭台楼阁金碧辉煌，而那些在湖中泛舟的才子佳人也陶醉于美景，久久舍不得上岸。到处是一派"暖风熏得游人醉"的场景。

有两位文人闲坐于湖心亭已经大半天了，面前的茶

汤淡了，天色也晚了，他们却并不告别，只是不约而同地凝望着眼前的西湖，享受着这三月的和风、晚霞，陷入了长久的沉默。

穿灰白衣衫的那位端起茶盏，刚放至嘴边，忽又放下，只微笑道："贤弟，你看那南岸上的雷峰塔像什么？"穿黑衫的便望着雷峰塔的方向，端详了一阵，拈须笑道："此塔自从被火焚烧后，这木构檐廊尽数褪去，只露出赭色的砖砌塔心，愈发显得颓败萧索，有点像一根粗壮的蜡烛。在落日的映照下，倒也有几分苍凉的美感。"接着他朝保俶塔方向张望了一番，又缓缓说道："闻启祥曾言，'湖上两浮屠，保俶如美人，雷峰如老衲'，这个比方很妥帖，宗子兄肯定听过吧。"

原来，这位穿灰白衣衫、被称作"宗子兄"的人即是明末文学大家张岱，穿黑衫的是张岱的好友陈洪绶。张岱笑道："看来闻兄那句话已经众所周知。李长蘅在西湖上赏荷花，曾作诗道：'雷峰倚天如醉翁。'今日所见，果然觉得'醉翁'比'老衲'更能比拟这雷峰塔。心有所感，在此口占一首，请贤弟斧正。"

陈洪绶便仰起头，目光里满是期待："好啊，弟只管洗耳恭听。"

张岱离了座位，缓缓走出几步，一只手背在身后，另一只手却指着那雷峰塔，朗声吟道："闻子状雷峰，老僧挂偏裘。日日看西湖，一生看不足。"

陈洪绶不禁大声赞叹："好！"

张岱接着吟道："时有薰风至，西湖是酒床。醉翁潦倒立，一口吸西江。"

"醉翁潦倒立，一口吸西江。实在是妙不可言哪！"陈洪绶喃喃地重复着，不住地点头，"真是好诗啊！"

两人相视而笑。

天色渐暗，两人便吩咐童仆收拾茶具，打算乘画舫回去了。

此时，在深蓝天幕的映照下，雷峰塔更像一位立在山巅的潦倒醉翁了，而那西湖里的雷峰塔影，则像醉翁栽进了西湖，正在痛饮美酒。

两人在画舫上继续闲聊，说起西湖的传闻趣事如数家珍，不时发出爽朗的笑声。那船夫一边撑船，一边也是听得饶有趣味。船夫知道他俩都是博学之士，不禁想起多日来感到困惑的问题，忍不住插话道："敢问两位先生，这'雷峰塔'为何要叫'雷峰塔'呢？"

两人诧异，回头看那船夫，只见他年纪尚小，脸膛黝黑，笑容很质朴。张岱便问："你不是杭州本地人吧？"船夫说："我半年前才来此地谋生，常听客人说起雷峰塔、保俶塔，说保俶塔是舅舅造塔保佑外甥钱弘俶，所以才叫'保俶塔'，心里便很是疑惑，那么这雷峰塔又为何而得名呢？"

张岱回头指了指黑黢黢的山峰笑道："这座山叫雷峰，属于南屏山麓，以前叫中峰，也叫回峰。宋朝时候，有个叫雷就的高人在那里住过，人们就称其为'雷峰'，后来便把这雷峰上的塔叫作'雷峰塔'。雷峰塔和保俶塔一样，都与钱弘俶有关。不过，说起来就话长了。"

那船夫听得入神，正想再问，却见画舫已近岸，便十分感激地拱手作揖道："多谢先生解惑。"

上岸后，张岱与陈洪绶话别，各自归去。

当晚，张岱兴致颇高，回去后便把黄昏时所作的诗挥毫题在纸上，接着又续了几句：

> 惨淡一雷峰，如何擅夕照。
> 遍体是烟霞，掀髯复长啸。
>
> 怪石集南屏，寓林为其窟。
> 岂是米襄阳，端严具袍笏。

写完，他又从头至尾念了一遍，这才心满意足地安然睡下。

几天后，张岱又出门去，原来另一位朋友要送他画卷，托人带到西湖岸上，他便自己去拿。张岱在岸边等了多时，才见一个商人模样的中年男子从画舫上走下来，那人把画卷恭敬地递到他手中。张岱道谢后，正要离去，那画舫里的船夫走过来，缓缓取下斗笠，也恭敬地朝他作揖问候。张岱疑惑地望着他，觉得有几分面熟，却一时想不起在哪里见过。

　　船夫便笑道："先生不记得在下了，前几日先生从湖心亭回来，就是在下撑船送您的。"张岱恍然大悟，这艘画舫就是那日与陈洪绶乘坐的那艘。张岱还礼，问他有什么事。

　　原来，这船夫是苏州人，小时候也上过几天学堂，一直喜欢读书，无奈十三岁那年，父亲病故，家境远不如从前，便只得做了船工谋生。去年母亲也病逝了，就来此地投奔亲戚，替亲戚撑船，前几天听张岱与友人讲了很多关于西湖的掌故，十分钦佩，一直盼着能有机会与张岱再见一面。今日恰巧见他在岸边等自己船上的客人，现在客人上岸了，便想请张岱上画舫饮茶，再讲一讲这雷峰塔的故事。

　　张岱见他每句话都真挚诚恳，又想到自己这大半生从繁华富贵转入穷愁潦倒之境，诸多往事过眼皆成空，心中万千感慨，不禁对那船夫生出几分好感，就微笑着点了点头。船夫刚才听商人提及，张岱是一位了不起的大文豪，就大胆来请教，却没想到张岱如此爽快地答应了自己，又是感激，又是感动，便赶紧请张岱上了画舫。

　　张岱在画舫里坐下，抬眼望去，这晌午的西湖与黄昏时景色大不相同，岸上高柳夹堤，桃花红，梨花白，微风过处，花瓣像雨一般飞舞，湖上烟波浩渺，水天一色，一艘艘画舫悠然而过，如在画中穿行……这西湖的美景真是让人看不够啊！

　　这天，张岱向船夫谈起雷峰塔的建造，此塔与保俶塔一样，都与吴越国忠懿王钱弘俶有关：

　　钱弘俶是五代十国时期吴越国的最后一位国王，他心地善良，崇信佛教，在位期间，造了许多佛塔，雷峰塔、六和塔都是那个时期留下的，故而杭州被称作"东南佛国"。钱弘俶为了供奉释迦牟尼佛的螺髻发舍利，通过修塔达到"敬天修德"的目的，从北宋开宝四年（971）年起便筹备建此宝塔。钱弘俶原计划建高达千尺的十三级宝塔，但几年后吴越国的财力不够，就只建了七级。竣工之时，钱弘俶将此塔命名为"皇妃塔"，因为处于西关的雷峰之上，人们又称其为"西关砖塔"或者"雷峰塔"。这雷峰塔里应该藏有佛经，还有其他宝物，不过，几百年了，谁也没见过，或许被火烧掉了。可惜啊，这雷峰塔被火烧毁之前是极度宏伟壮丽的，甚至可谓达到空前的地步。

张岱的一席话，让船夫陷入沉思。微风拂来，画舫顶上的锦绣帷幕被吹得哗哗响动。船夫说："我还听人说起过，这雷峰塔下还镇压过蛇妖呢？"

张岱沉默了片刻，答道："这个恐怕要我的兄长冯梦龙先生跟你讲会更清楚一些，只是，他已经故去了……"船夫十分惊诧："这，这……在下无知，提起先生的伤心事，实在对不住啊！"张岱说："无妨，我可以大致讲一讲。关于雷峰塔镇蛇妖的故事，民间有多种说法，你喜欢读书，可以找冯梦龙先生的《警世通言》读一读，那里头有《白娘子永镇雷峰塔》一文，已经详细地讲述了雷峰塔镇压蛇妖的故事。"

船夫点点头，一边却兴致勃勃地望着张岱，盼他继续讲雷峰塔的故事。张岱便饮了一口茶，娓娓讲述道：

"这是南宋绍兴年间的故事了，杭州临安府住过一位人称小乙官人的许宣，一日遇到一位带着丫鬟的白衣美妇人要搭乘他的船，又向他借伞，一来二去，许宣被这白娘子的美貌所吸引，白娘子也有以身相许之意。两人

便结了姻缘。那镇江金山寺的法海禅师知道白娘子是千
年蛇妖，丫鬟青青就是一条青鱼所变，就施法术用钵盂
罩住两人，迫使她们现了原形。后来法海禅师就来到雷
峰寺前，将钵盂放在地上，命人搬砖运石，砌成一塔。
许宣四处化缘，又将塔筑成七级宝塔。千年万载，白蛇
和青鱼不能出世。法海禅师还留了四句偈语：西湖水干，
江潮不起，雷峰塔倒，白蛇出世。"

"这就是民间关于雷峰塔的故事，为的是劝年轻人心
术要正，不要贪图美色，当然，这是传说，不必相信。
还有一种说法，说那白蛇其实前世与许宣有缘，是来报
恩的，被法海禅师破坏了好姻缘……各种传说都有。"
张岱接着说。

船夫听了，拱手道："先生讲得很精彩啊！"

张岱笑道："冯梦龙先生书里比我讲得更精彩。"
他抬头望天，已近正午，便起身告辞，那船夫自是千般
不舍，想留他共进午餐。张岱再三推辞，说船夫要撑船
做买卖，自己也还有别的事情。船夫无奈，只得怅然与
他道别，心中满是遗憾：不知何时才能再见到这位学识
渊博的先生？

张岱似乎看出他所想，便拍着他的肩头安慰道："年
轻人，有缘一定会再见面的。"

此后多年，张岱隐居著述，很少外出游览。他把对
西湖的回忆写进了《陶庵梦忆》《西湖梦寻》之中，那
唯美而略有几分伤感的文字让后世为之感慨万千。

静静矗立着的雷峰塔，见证了这位大文豪一次又一
次畅游西湖。

远望雷峰塔

　　清朝前期，雷峰塔以裸露塔身的残缺美感打动着世人，尤其是"雷峰夕照"更成为当时的"西湖十景"之一。而冯梦龙的白蛇故事也被人们不断演绎，再创作成新的故事和戏剧，"许宣"被改成了"许仙"，白蛇也由"妖"变成了"仙"，人们还增加了白蛇的儿子许仕林长大考中状元，到雷峰塔前祭祀母亲，救出母亲的情节……

　　这个故事成了非常有名的传说，康熙皇帝、乾隆皇帝也被它吸引，从京城来江南的时候，都到雷峰塔下游览，对于雷峰塔镇妖的故事也是津津乐道。

　　清朝末年，有人发现，雷峰塔的塔砖里有孔洞，里面藏有经卷，便称其为"经砖"，人们以讹传讹，说成是"金砖"，又盛传塔砖具有"辟邪""利蚕"的功效，老百姓便偷偷地去取那雷峰塔里的塔砖。

　　盗取的人多了，又因年久失修，塔基变得越来越空虚。1924年9月，雷峰塔轰然坍塌，砖塔中秘藏的《一切如来心秘密全身舍利宝箧印陀罗尼经》经卷被世人发现，雷峰塔再次得到前所未有的关注。原来，这雷峰塔下没有白娘子，却俨然有一座巨大的宝库：鎏金铜佛像，属于国家一级文物，还有金棺盛装的"佛螺髻发"舍利，一座纯银的阿育王塔……这些发掘出来的文物都具有极高艺术价值和历史文化价值，让海内外极为轰动。

现在的雷峰塔是在保护原址的基础上修建的，于2002年10月竣工。它保留了旧塔的楼阁式结构，采用了南宋初年重修时的风格设计，显得巍峨壮丽，仿佛为西湖的美景镶嵌了一颗璀璨的明珠。

参考文献

1.杭州市地名委员会办公室编：《杭州市地名志》，浙江人民出版社，1990年。

2.〔清〕张岱：《西湖梦寻》，罗伟注译，北方文艺出版社，2019年。

3.施奠东主编：《西湖志》，上海古籍出版社，1995年。

4.〔明〕冯梦龙：《警世通言》，陕西出版集团，2012年。

苕溪泛滥闹水患,
舒公起塔保平安

史迹链接: 舒公塔俗称地宝塔、雄宝塔,位于杭州市余杭区余杭街道,是明万历年间余杭县令舒兆嘉为镇压苕溪洪水所建,因而得名。该塔为七层四面的楼阁式砖塔,高27.46米,塔基宽5.7米,底层直径3.9米,各层均以相间的菱角牙子和檐砖叠涩挑出腰檐,檐下绘有斗拱,塔刹为铁葫芦形。其中一至四层四面间隔火焰形门和券顶佛龛,门与龛的位置逐层相错,第五层四面均为火焰形门,第六、七层四面均为券顶佛龛,第四层佛龛与第五层塔门又均在左右砌出小龛各一个。塔内中空,原一至五层架有木质阁楼,沿壁设有木梯,今已尽毁,不能登临。舒公塔于2011年被列为浙江省省级文物保护单位,与吴越国时所修筑的安乐塔隔溪遥相对峙,形成"双塔耸秀"的景观。

连续两天大雨过后,天刚转晴,余杭县令舒兆嘉便把县衙里的公文与卷帙搬出来,一一搁在太阳光底下晾晒。县衙有一间屋子昨晚漏雨,把这些公文与卷帙全部淋得湿透了。舒大人拿着抹布小心地擦拭着上面的水渍,又把晾晒公文的笸箩往外挪了挪,他还招呼差役们把凳子椅子也搬到太阳底下,继续在上面摆放公文,以便晾晒。

　　县衙里尚且如此，百姓的家中可想而知，还有农田的收成又要大打折扣，唉，大雨不断，老百姓的日子可难熬啊！想到这里，舒大人便把几名差役叫到跟前，分别吩咐他们各自的任务。一名差役诧异地说："舒大人，刚才已经安排了一批差役出去了解灾情了啊！"舒大人耐心地说："刚才的是去老百姓家中，你们几个是去周边田地里看看。"差役们点头，便各自散去。

　　忽然，外面匆匆进来一名差役，一边小跑一边大声喊着："不好了，舒大人，刚才有几个村民被苕溪的洪水冲走了！"

舒公塔

"这是怎么回事？"舒大人跺脚道，"今天一早我就叫你们去苕溪边上的几户村民家通知，告诉他们，大雨过后不要靠近苕溪，你们怎么做的事情！"

"我们都通知了，今天溪水里有很多断树枝，村民们说是上好的柴火，都在岸边打捞，还说要趁着天晴晒干了就可以用。我们制止了他们，就忙着去看其他人家的情况，哪里知道我们刚走，他们又去了苕溪边。"差役说着，就低下了头。

舒大人满脸怒容："人命关天啊！快，出去看看！"他一边往外走，一边又问道："总共有几个村民被冲走了？""有三个落水，有一个村民水性好，爬上岸了！"差役答道。旁边一名差役结结巴巴地说："看来，老人们……说得对，是应该，应该……修塔镇妖了！早点修……"舒大人瞪了他一眼，他忙把没说完的话咽下。

差役们跟着舒大人匆匆出了县衙，往苕溪赶去。

苕溪，因两岸开满苕花而得名，由于水道宽广，当地人也称之为大溪。每年春秋两季，苕溪景色十分美丽，清澈的水流映着蓝天白云，映着两岸的苕花，乘船而行，宛如在画中游览。故而，每逢春天，常有文人墨客雇船在溪上顺流而下，一边观景，一边饮酒品茶、吟诗唱和。然而，一到夏天，苕溪的水仿佛变了一个样子，水势湍急，浑浊不堪，不要说乘船游玩，就是赶路的船只都不敢轻易航行了。

舒大人一行来到苕溪边上，只见洪水滔滔，浊浪滚滚，上面漂浮着一些大大小小的枯木树枝。两名妇人在岸边痛哭着，呼天抢地，年幼的孩子在一旁吓得目光呆滞，不知所措。几名差役光着上身，挽着裤腿，带着打捞的工具，正沮丧地从下游的岸边走过来。水势太急，估计落水者已经被冲到几里之外的下游了。舒大人不由得眉头紧皱，又命令几名差役骑马赶往下游，继续打捞落水者。

天黑之前，溺水者的遗体已经找到了。天气炎热，众人不敢耽搁，只得尽快将死者入土为安。舒大人忙着安抚死者家属，又安排了工匠来维修被雨水毁坏的民宅，一整天下来，他已累得精疲力竭。

等舒大人带着差役们往回走时，已是夜风阵阵，星辰满天，到处都可听见蟋蟀的鸣叫。一回到县衙，他便瘫坐在椅子上陷入沉思，仿佛已经忘记浑身的酸痛，甚至连饥饿感也遗忘了。

去年，苕溪也发过大水，但不像今年雨水这么多，侥幸没有人员伤亡。当时，有一些大户人家的族长来找过舒大人，建议县衙出面，在苕溪南岸修一座宝塔，因为"宝塔镇河妖"。人们都说苕溪年年涨水，就是有河妖作怪，若是有了宝塔，河妖就不敢吞没人畜、破坏庄稼了。

舒大人从来不迷信，他曾告诉差役们："这简直是无稽之谈！倘若修塔就能镇妖，那苕溪北岸不是已经有安乐塔了吗，怎么没镇住河妖？苕溪涨水，是因为上游连续下雨，苕溪河道陡，洪水来了，水势湍急，比别处破坏力更强。修宝塔还不如加固堤坝！"

舒大人这样说，也是这样做的，去年天气转凉后，他已经向州府汇报过此事，朝廷也拨出专款，一到枯水时节，舒大人就安排了差役们带领民工加固堤坝，防止洪水泛滥。但他实在没想到，今年水势如此凶猛，加之村民们没有意识到问题的严重性，只顾打捞柴火，忘了安全措施。

现在，余杭县的大街小巷都议论纷纷，说是早该修塔了。淹死两个村民，舒大人十分难过，但是，修塔真能解决问题吗？

就在刚才，进衙门之前，还有一位老者等在衙门外，给舒大人叩头道："这苕溪就像一条孽龙，北岸的安乐塔只镇住了半边，要有两座塔，一南一北，才能真正地镇住孽龙。"舒大人忙搀扶起他，答应他一定会想办法。

想到这里，舒兆嘉不由得苦笑起来：先是河妖，现在还有孽龙，洪水泛滥，全被带上迷信的言论了！他甚至有点后悔自己的固执了，无论修塔是否能"镇妖"，但这毕竟是众多百姓的想法，自己作为余杭县的父母官，以前怎么就没想过满足百姓的意愿呢？只是，刚修了堤坝，哪里拿得出银子来修塔？

想到这里，他不禁闭了眼，把头依靠在椅子上，又长叹了一声。夫人带着侍女从外面进来，他也没有察觉。夫人从身后侍女的篮子里端出一碗粥来，走到近前，温和地说道："老爷喝一碗粥吧，其他的事情，明天再说吧。"

夫人看着舒大人把粥一点点地吃完，让侍女把碗收拾了，这才缓缓地说道："先回家吧，我有个主意，是解决修塔无钱的办法，我们回去商量一下。"舒大人急忙问道："什么主意？先说了再回去吧。"

夫人笑道："老爷不用着急，这主意说出来也不是能立刻办到的。现在全余杭县都在议论修塔，老爷肯定在担心没有银子不能修塔，其实，老爷可以筹集银子啊！"

舒大人说："夫人这话说得轻巧，我要是能筹集银子，还用瞎着急吗？"

夫人微笑道："修塔是造福一方百姓的事，老爷可以带头募捐，其他大户人家肯定都会送钱来的。"

舒大人说："这个主意确实好！只是我这官当得清廉，哪有银子可捐？"

夫人说："老爷就捐今年的俸禄，咱家吃穿用度都可以节省，再到后山去开荒种地，自给自足，这银子不是就省下了吗？"

舒大人恍然大悟，连忙从椅子上起身，紧紧握住夫人的手，感激地说："好办法，好办法，夫人真是深明大义啊！"

第二日，舒兆嘉便把往日主张修塔的族长、乡绅等人找来，把修塔的计划告诉大家，众人都说好，说早就该修塔了。舒大人见时机成熟，接着说："本官愿意捐一年的俸禄，来做这造福百姓的事情，不知诸位意下如何？"众人面面相觑，这才明白舒大人的意思。有一位乡绅说，自己也愿意捐款，行善积德，造福后代嘛。紧跟着，众人都表示自己下午就把银子送到县衙来……

天气渐渐转凉，又到了枯水季节了，县衙还贴出了布告，说是修宝塔以镇河妖，大家都可以出谋划策，有钱出钱，没钱出力。余杭县的百姓非常振奋，来了解修塔计划的，来现场捐款的，来主动请缨做搬运的，再加上工匠、差役、各级官员，苕溪岸上从来没有这么热闹过，就像过节一样。

关于选址建塔，大家纷纷提出了一些建议，其实舒大人已经与工匠们多次察看过苕溪南岸的几处地势，也相中了适宜建塔的地址，但他发现百姓们如此关注此事，便故意让大家一起选地。最后舒大人发现，大多数人所选的地方和自己看中的地方完全一致，就在北岸的安乐塔对面的位置。

百姓们非常高兴，觉得舒大人尊重民众的意愿，真是难得的好官！

在余杭县百姓的关心和监督下，宝塔设计很精美，修塔的进度也很快。

竣工之日，苕溪岸上又是人山人海的景象。

众人抬头仰望这座宝塔，见它在溪水与两岸苕花的映衬下，显得高峻挺拔，仿佛与白云相接。舒大人带着一干乡绅登塔远望，只见北岸的安乐塔，与这新塔遥相呼应，仿佛两支船篙，把苕溪这个竹排固定住了……"这下不会有洪灾了吧！"大家笑呵呵地说着。

工匠问舒大人，给塔起个什么名字，舒大人沉吟片刻，说："对岸的塔叫安乐塔，又叫天宝塔，我们南岸的就叫地宝塔吧，这就成了'双塔耸秀'之景了。"众人都拍手说好，欢呼声和掌声把周围的鸟雀都震得飞出老远。

等欢呼声平息下来，有一位乡绅却缓缓说道："在下认为，舒大人既主持修塔，又捐出一年俸禄，实在是功德无量，不如将地宝塔叫作'舒公塔'。"众人一听，

杭州风迹　HANG ZHOU

连连称赞，都说叫"舒公塔"比叫"地宝塔"更好。

参考文献

1. 杭州市余杭区地名委员会办公室编：《杭州市余杭区地名志》，海潮出版社，2008 年。

2. 余杭镇志编纂办公室编：《余杭镇志》，浙江人民出版社，1992 年。

3. 余杭市地方志编纂委员会编：《余杭市志》，中华书局，2000 年。

烟
雨
塔
影

H A N G

Z H O U

孙昌募资造高塔，
里人同心盼同兴

史迹链接：同兴塔位于杭州市富阳区龙门古镇西约 1.5 公里的石塔山东坡，是一座六面七层的楼阁式砖塔，高约 14.6 米，层层塔檐均为青砖砌成，檐上铺以饰有花纹的灰瓦，塔壁无栏额。各层周长和高度自底至顶逐层递减，塔顶为石质相轮，金属为刹。外表颇似六棱台体，飞檐翘角，挺拔秀丽，造型优美，塔身至今完好。塔内原有楼梯，供人攀登，现中空，楼板均已拆除。《光绪富阳县志》记载同兴塔："在县南四十里庆善村石塔山，康熙十六年（1677），里人孙昌募建。"

天高云淡，偶尔拂过一阵凉爽的秋风，带着稻花的芬芳，整个龙门古镇都沉浸在花香里。这样的日子仿佛都会暗藏喜事，在龙门古镇，一家有喜事，就是整个孙氏家族的喜事，家家户户都会前去贺喜。这一天，刚好是孙昌的父亲孙宏高的七十大寿。

龙门古镇历史悠久，早在东汉时期，高士严子陵就称赞过它"山清水秀，胜似吕梁龙门"，这句话也成了龙门古镇得名的原因。龙门古镇也是东吴大帝孙权的故乡，镇上居民多是孙权的后代，孙氏家族十分庞大，却也相处得其乐融融。

街巷里的行人，三三两两都往孙昌的府上走去，有的结伴而行，有的还带着一两个挑夫，那装饰精美的寿礼挂在扁担上，跟随着挑夫的步子在来回晃悠。人们喜气洋洋地互相请安、寒暄，一边走，一边就听到了锣鼓声。

院子里张灯结彩，早已经摆好了酒宴，寿星孙老爷子坐在堂上，正笑眯眯地接受大家的贺喜，孙昌则带着儿孙在堂前迎客。

眼看客人到齐就要开宴了，孙昌也到了堂上。这时候，门口却出现了一个穿着怪异的游方术士。那术士斜睨着院里的一切，既不往里走，也没打算离开。孙昌先是一愣，然后就亲自上前迎接，邀请那术士进院里上座。那术士倒也不客气，大大咧咧地走进来坐下，捋起袖子，就要准备用餐。

席间，孙昌带着家人到每一桌跟前来敬酒，发现那

同兴塔

术士已经喝得醉醺醺了。同桌的客人都觉得此人十分无礼，有些嫌弃他，但孙昌却十分客气地感谢他的光临。那术士拍了拍孙昌的肩膀，忽然大笑道："这里真是块风水宝地，西边山高，孙氏欲兴，造塔镇妖。"这声音很大，满院的客人都吃惊地朝这边看。那术士却旁若无人地大笑，然后摇摇晃晃地离席往外走。孙昌十分诧异，忙让管家备了二十两银子，放在精致的托盘上，送给术士。自己也赶紧跟上去，向术士作揖道："先生请明示。"那术士收下银子，笑了笑，仰头把杯里的酒一饮而尽，就头也不回地走了。

孙昌目送着他远去，又暗暗地把那人说的话念了一遍，愈发感到纳闷，碍于这么多客人在，却也只能若无其事地招呼大家继续饮酒吃菜。

客人们还在议论纷纷：有人说此人好生无礼，就应该把他赶出去；也有人说，莫不是世外高人，要给我孙氏全族泄露一点天机。

当天夜里，客人已经渐渐散去。老爷子还坐在客厅里，慈祥地看着孙昌："那术士的话，你怎么想的？"孙昌沉吟片刻，回答道："这话就是要我们造一座高塔，或许是个江湖术士骗取钱财的手段罢了。"老爷子笑道："依你的意思，是不理他？其实，我倒觉得可以造一座高塔。"孙昌诧异地望着父亲说："可是那人说造塔镇妖，简直就是一派胡言，龙门镇历来风调雨顺，少有灾害，哪有妖怪？"老爷子摇摇头说："他的话不可全信，但也有合理之处。龙门镇北面的洋龙山因何得名，你都知道吧？它状似龙头，它后面的几座山山峦起伏，恰似龙身龙尾，我小时候就听说过这里地势好，子孙后代可兴旺昌盛，千年不衰。但我孙氏自东吴大帝建国至今，好运已经持续一千多年，我们要保持下去，应该有所作为。"

孙昌想，造塔的用度毕竟不是小数目。老爷子怕是忘记了几年前才出钱修了义渡，家里哪有那么多银子？但他素来孝顺，父亲说什么，他就算心里不乐意，也不会直接反对。老爷子接着说："听他这话的意思是，我们应该在西边的山上造塔，那山上有那么多寺庙，唯独还缺一座高塔啊！"孙昌听到这里，忙点头道："是的，过两天我就找族长来商议此事，看看这里是否适合造塔。"

第二天，龙门镇上已经到处都在谈论造塔的事。有人添油加醋地描述那术士，说他不知从何而来，一眨眼间就不见了，传得神乎其神。有人说，孙昌已经决定要建一座高塔，很快就要动工了……

孙昌听到了众人的传言后，不由得暗暗叫苦，这事还没定呢，起码得选个合适地方吧，还要先预算一下。

同兴塔内部

也不知道得花多少银子呢，若是遇到贪心的工匠，把银子白白浪费，又拖延工期，那才叫麻烦呢。

这时，孙昌想起一个能工巧匠，他叫孔文龙。

有一年夏天，龙门镇差点被洪水淹没，大小的桥梁几乎都被冲毁，然而，有一座桥却在滚滚浊流中岿然不动，这就是孔文龙修建的戚家桥。原来，这座桥是用圆石垒成，石头之间留有空隙，洪水来了，不至于全部冲击桥身，而是从空隙里流出很多，洪水得到缓冲，戚家桥才得以保全，别处交通不便，这里的两岸之间还能通行无阻。人们都夸孔文龙是个天才。

想到这里，孙昌便打发家丁去请孔文龙，先了解一下需要的资金，再和族老们商议。

然而，家丁刚走不久，族长已经带着几位士绅来到孙昌家里。族老们告诉孙昌："以前从来没有想到过造塔的事，现在觉得实在可以修建一座高塔。"孙昌点点头，说自己正在准备此事。族长接着说："前几年修建义渡已经让你花费了不少银子，这一次，我们所有人都要来参与此事。古人说得好：'二人同心，其利断金，同心之言，其臭如兰。'我孙氏全族上下同心，共建这高塔，都要为这泽被后世之事出力！"几位士绅也纷纷表示，自己愿意出钱。

孙昌这才明白大家的来意，又感动又振奋，造塔的想法便坚定了许多。他十分激动地说："我已经派人去请孔文龙，让他来设计修建，我们更放心。"大家便建议由孙昌出面，来募资修建高塔。

短短十天时间，龙门镇上的孙氏全族都先后来到孙昌家中，孙府上竟然比老爷子七十大寿还要热闹。大家很积极地筹款，希望早一点造好高塔。

孙昌见众人如此积极，不禁想起族长那日所说的"同心"二字，就想着这塔造好后，应该起名为"同心塔"，但他转念一想，大家同心协力是盼着后人兴旺发达，不如叫"同兴塔"还更妥帖呢。想到这里，孙昌不禁莞尔一笑，迫不及待地把这个巧妙的名字告诉众人："我们都希望子孙后代振兴孙氏一脉才筹备建这高塔，日后这高塔修起后，我们就叫它'同兴塔'吧。"大家听了都说是好名字，夸赞孙昌饱读诗书，有学问就是不一样。

就这样，"同兴塔"还没开始修建，这个名字已经被大家叫开了。

建筑师孔文龙很仔细地查看了西山的地形，回家不久就画出了"同兴塔"的草图，也给出了预算的价钱。

在孔文龙的规划下，很快，工匠们就把青砖、石条、石灰都运到了山下。他们把黄泥和石灰调和在一起做黏合剂，从塔基开始，青砖和条石都砌得光滑平整，使同兴塔既坚固又美观。每天都有不少人去西山上看他们造塔，大家都夸孔文龙做事细致周到，都盼着早日看到同兴塔竣工。

在龙门古镇孙氏全族的密切关注下，不到半年，同兴塔便已巍然屹立在西山上。然而，孔文龙却并不满意，又亲自在塔壁上刷了一层薄石灰。远远地，人们就能看到同兴塔秀丽挺拔的身影。在蓝天白云的映衬下，这座高塔就像一位站在西山上的白衣仙子，她时时刻刻守望着龙门古镇，关注着孙氏家族的繁衍生息。

同兴塔建成于清康熙十六年（1677），因为它的缘故，人们也把西山叫作"石塔山"。三百多年过去了，同兴塔依然很坚固，甚至连那雪白的外墙也极少脱落。

参考文献

杭州市富阳区民政局、杭州市富阳区地名委员会办公室编：《杭州市富阳区地名志》，方志出版社，2017年。

——

第四辑

文风塔

建南屏塔添美景，
增秀峰塔齐文武

史迹链接：南屏塔位于杭州市临安区昌化镇南屏山南麓，因山而得名。南屏塔建于北宋熙宁年间，清康熙六年（1667），雷击其顶，塔渐圮。康熙十五年（1676），县令涂铨捐一年俸为倡，募千余金重修，于康熙十七年（1678）动工，康熙十九年（1680）落成。南屏塔通高36.36米，砖木结构，六边七层。塔基为须弥座，底层设副阶。每层腰格平座，斗拱承托。地面至三层为北宋原建，四层以上系清代重修。塔刹为铁质七重相轮。1997年，南屏塔被列为浙江省省级文物保护单位。

东塔位于昌化镇东面东塔岭山顶，因在原昌化县城之东，故名。一名秀峰塔。清康熙四十年（1701）建，为六面七层仿木结构砖塔，通高13米。塔基须弥座，每层腰檐以三层平砖与一层菱角牙子叠涩砌成。塔内无层次，每层两根横木牵拉支撑。塔顶六面攒尖顶，塔刹无存。曾遭雷毁塔顶，东北面塔身坍塌。1988年，被临安县人民政府公布为县级文物保护单位。1999年，维修塔体、塔刹，构筑游步道，增设防雷设施。

月明星稀，夜风阵阵，蟋蟀的鸣叫让这个初夏的夜晚显得无比静谧。

南屏山下的双溪驿馆是一处官家驿站，此时，杨驿长早已经带着驿吏李小二把里里外外收拾好了。他俩一起关上院门后，杨驿长又掌着灯到处查看了一遍，一切都没什么异样。李小二不停地打哈欠，杨驿长便催促他先去房里休息。他自己则端了一把椅子，倒上一杯茶，在院里坐下了。

多年来，杨驿长养成了一个习惯，要等住驿站的客人们都熄灯了，自己才会去休息。虽说时值太平盛世，昌化是民风淳朴的地方，但这里毕竟是官家驿站。来此住宿的大多是有要事在身的差役，他们有些是上报公文的，有些是传达上级命令的，每天来去匆匆，尽管只住上一晚，但都不可大意，万一把什么重要的信件弄丢了，很可能要掉脑袋的。

杨驿长一直谨小慎微，深知应该怎样去与他们打交道。官差们有很多共同特点，都忙着赶路，很少说话，一进店就会把马交给小二，交代两句，然后点上一两个小菜，一吃了饭就去房里，往往都是倒头便睡。杨驿长知道，他们长途跋涉，都很疲惫，为了不耽误官家的事，有时候连饭也顾不上吃。杨驿长每次都会热情地接待他们，还经常交代厨子把饭菜做得可口，把分量弄到足够。

客人们几乎都睡下了，唯有楼上西厢房的灯一直亮着。那位客人的模样他还记得，约莫三十岁，面色白净，举手投足之间既透着几分豪气，又带着几分儒雅。昨日来住店时，杨驿长不在，是李小二接待的，说是客人姓苏，从杭州过来，带了一名随从。客人今天一早就出门去，没有骑马，就在南屏山上闲逛，听说还去看了那座未完工的南屏塔……

这位客人和其他客人截然不同，杨驿长倒没觉得他有什么可疑，只是，凭直觉，他觉得此人很有来头，应该是个很了不起的人物，但是，若是微服私访的官员，也不会如他那般闲适啊……想到这里，他又往那窗口看了几眼。那里，还亮着灯。

杨驿长最担心客人睡觉忘了把油灯吹灭，以前就因此发生过火灾。他想了想，终于忍不住朝楼上走去。

他先在门口听了听，似乎房里有翻动纸张的声音，若是在读书，更要小心火烛啊，想到这里，他便轻轻敲了敲门。客人打开门，杨驿长便闻到一股浓浓的墨汁的气味，那桌案上铺展开的纸张上，墨汁还未干呢。客人见了杨驿长，便很高兴地请他进去，邀他看自己新写的诗句：

乱山滴翠衣裳重，双涧响空窗户摇。
饱食不嫌溪笋瘦，穿林闲觅野苜苗。

南屏塔

却愁县令知游寺，尚喜渔人争渡桥。

正似醴泉山下路，桑枝刺眼麦齐腰。

杨驿长念到此处，不禁连连赞叹："好诗啊，好诗！"他望着客人热情洋溢的脸，只感觉心里扑通扑通乱跳，莫名的欢喜滋味仿佛就要喷涌而出，眼前的客人莫不是，莫不是……他赶紧去看那落款，果真是，果真是大才子苏轼！

原来，自从反对王安石变法，苏轼在京城待得颇不愉快，便请求外放，来到杭州做了通判。这是个没实权的闲职，苏轼一有空便到周边游玩，写下许多歌咏山水的诗篇。前些日子，听人说起昌化有南屏山、昌化溪，风景宜人，四季如画。苏轼怕惊动昌化的县令，便只带了一名随从，骑马奔赴此地。

苏轼告诉杨驿长，自己原本想去看看那南屏塔，但塔还没修好。不过，山上满眼苍翠，徜徉其中，只觉得心旷神怡，舍不得离开。下山来，又去寻那昌化溪的源头，一不留神就到了治平寺，沿途又是另一番胜景，晚上回到双溪驿来不能入睡，索性把这感受写下。

苏轼又问，那座南屏塔是几时开始修的，为何还未修好呢？杨驿长笑道："说来话长呢。这塔早就该修的。我家世代居住在此，小时候就听祖辈们说过，几十年前，这里来过一位姓陈的读书人，也像先生您今日这般登高望远，然后说了这样一番话：'四山风水低，唯有此峰异。若造塔与寺，人烟大整齐。'那以后，乡民们就说要筹集资金，造一座高塔，让此处人丁兴旺，人才辈出。无奈募集的资金不够，一直没有动工。今年年初，昌化县令出面筹款，才开始修塔。"

苏轼想，这位县令遵从百姓意愿，是位好官，只是明日就要赶路回杭州了，也无缘拜会他了。于是便对杨驿长笑道："在这南屏山上修一座塔，能增添美景，实在是功德无量之事。今日路过，也是有缘，苏某也要尽绵薄之力。"说着，就从怀里掏出一锭银子，请杨驿长转交给主持修建高塔的人。

夜已深，杨驿长从苏学士的房里出来，只觉得仿佛走出了一个梦境。

清晨，杨驿长从鸡鸣声中醒来，想起昨夜的所见所闻，只觉得亦真亦幻，疑惑中，不由得一边披上衣服就要去找苏轼。然而，李小二告诉他，杭州的客人天未亮就已经踏上返程了，客人还留下一幅字，让交给杨驿长。杨驿长展开书卷，正是昨夜所见的诗句，而且，后面还有一首：

> 每见田园辄自招，倦飞不拟控扶摇。
> 共疑杨恽非锄豆，谁信刘章解立苗。
> 老去尚餐彭泽米，梦归时到锦江桥。
> 宦游莫作无家客，举族长悬似细腰。

他呆呆地立在那里，怅然地望着院门外的官道，不知道什么时候才能再次见到这位大学士？

南屏塔终于建成。苏轼却已经调离杭州了。

昌化溪里，流水潺潺远去，南屏山上，白云悠悠飘浮，元朝代替宋朝，明朝代替元朝，清朝代替明朝，几百年光阴转瞬而过。唯有南屏塔，静默地伫立在山顶，注视着一溪两岸的百姓日出而作，日落而息。

　　清朝康熙六年（1667）的夏天，一场暴雨来袭，雷声隆隆，闪电仿佛要把天空撕裂。雷雨过后，昌化溪水暴涨，险些把昌化城淹没，大家还发现，南屏塔的塔顶遭遇雷击后，塔刹掉落，急需要维修。人们忙着抢救自家的财物，无暇顾及南屏塔了。南屏塔渐渐地显出颓圮的样子。

　　康熙十五年（1676），涂铨到昌化担任县令。他四处察看民情，了解百姓的耕作与收成情况。走访的地方多了，他也重新走了当年苏轼走过的地方。

　　当他听说了南屏塔的故事后，这才注意到南屏山上那座已经破旧到接近坍塌的古塔。涂铨认为，应该重新维修，然而，县衙拿不出这笔资金，上级也未必会管这事情，不如让老百姓自己筹集资金来得迅速。

　　涂铨请来当地的士绅商量此事，并拿出了一年的俸禄。士绅们深受感动，纷纷表示尽全力支持。两年以后，资金充足，开始破土动工，重新修建南屏塔，直到康熙十九年（1680），南屏塔才以崭新的面貌出现在南屏山上。

二十年后，又一任知县林霖培来到昌化。这位林知县也是勤政爱民的好官，到任后，一天也没有闲着。他到处访问，不仅了解百姓们的耕作与生活，还了解当地的历史与风情。

有人告诉他，昌化这地方，出了很多武将，却一直少有文臣。也有人说，那南屏塔建成后，一直没有培植出文风，莫不是该被拆掉？

林霖培认为，塔既然建成，哪能拆掉，若要培植文风，也就是让此地文武双全，可以另外再建一座高塔嘛。以前涂知县在这里主持重建了南屏塔，留下了佳话，自己也可以仿效前贤，募资再建一座高塔。

想到这里，林知县便与夫人商量。林夫人出身显贵，也深明大义，当即表示，老爷也可以像先前的涂知县一样，把一年的俸禄捐出来，自己娘家所带来的钱财完全可以提供家中一两年的开销。林知县很高兴，却并没有草率行事。他想到二十年前才筹集资金建过高塔，眼下以同样的理由募集资金是否妥当呢？

林知县又去了本县的几个富户家中了解情况，大家都说，近年来昌化风调雨顺，百姓生活幸福安宁，再募资建一座高塔并不存在问题，而且，他们都愿意带头募集资金。

林知县很感动，回去后便谋划此事。不久，他召集当地的士绅与富户，把修塔的意图告诉大家，并拿出一

南屏塔夜景

年俸禄，众人也跟着捐出银两来。

等资金筹齐了，又请人来察看地形和环境，最后决定在昌化以东的东塔岭上修建文峰塔。

此塔于康熙四十年（1701）建成，人们称之为"东塔"，或叫"秀峰塔"。

自此，昌化有了两座高塔，东面的秀峰塔与南面的南屏塔隔溪相望，遥遥对峙，宛如一文一武两员大将，守护着昌化的山山水水。

参考文献

1.临安市地名志编纂委员会编:《临安市地名志》,方志出版社,2012年。

2.马时雍主编:《杭州的古建筑》,杭州出版社,2004年。

抟云塔影辉云表，
玉华叶氏一脉馨

　　史迹链接： 抟云塔位于杭州市建德市大慈岩镇新叶村，于明朝隆庆元年（1567）动工，明朝万历二年（1574）完工，是六边形七层密檐式塔，寓意七级浮屠。抟云塔占地面积 10 平方米，塔高 38.8 米。塔外每层之间用青砖砌成密檐式，层层挑出，上用瓦覆，六角翘起。塔顶有直径 1 米、厚 0.3 米的宝珠 5 个，同隔尺许叠上，石葫芦封顶，顶端六角上有长 1 米余的铁索各悬铜铃一只。塔刹由五个圆形石盘层叠，第三个最大，往上、往下渐小，外形如枣核。塔内七层原有木梯、楼板，依塔体盘旋逐级而上。塔身上下无任何雕饰，造型秀丽。最近一次修葺为 1999 年。抟云塔是全国重点文物保护单位"新叶村乡土建筑"的组成部分。

　　要说抟云塔的故事，得先从新叶村说起。

　　新叶村，在建德市大慈岩镇，绝大部分人是宋人叶坤的后裔。这里也是我国目前最大的叶氏聚居村落。以前叫叶村，后改名为"新叶村"。新叶村村民们一直沿袭古老的习俗，谨遵"耕读传家"的祖训，至今每年九月，新叶村还有开笔礼的仪式，以欢迎新入学的儿童。

　　新叶村已有八百多年历史，村里尚存古祠堂、古寺庙、古民居等各种古建筑两百多座。尤其是村口的抟云塔，秀丽典雅，是新叶村现存最古老的建筑。抟云塔旁边还有一处方塘，方塘仿佛一方砚台，而抟云塔则像一支蘸着饱满墨汁的大笔。这看似巧合的景象，其实是叶氏祖先匠心独运的设计。抟云塔塔名寓意着"抟扶摇而上者九万里"，体现了叶氏祖辈对文运昌盛的期盼。

最初，这个村子的人其实都姓夏。

宋宁宗嘉定年间，家住严州（治今建德）的叶坤才七岁，已经失去了父亲，这年开春，母亲夏氏又一病不起。夏氏临终前，娘家的兄弟从白下里过来看望她，夏氏把年幼的叶坤托付给兄弟，几天后便撒手人寰。叶坤十分悲戚，与舅父一起安葬母亲后，就跟着去了白下里，从此与舅父一家相依为命。

十年过去，叶坤已经成长为一个勇挑家庭重担的大小伙子，舅父很喜欢他。叶坤与舅父的女儿从小青梅竹马，一起长大，也逐渐滋生情愫，舅父便做主为两人安排了婚事。叶坤从此就入赘夏家，在白下里安家落户。

里是行政单位，类似于今天说的某某村。白下即白崖山，后来被人们称作玉华山。这一带土地贫瘠，到处是紫砂土，山倒是不高，却没有树木，到处一片荒芜。更要命的是，这里常有旱灾发生，但只要连续几天下雨，又会暴发山洪。这一年，洪水毁坏了村里很多房屋，人们无家可归，站在村口痛苦地哀号着，不知所措。夏姓的族长十分难过，就痛下决心，带着村里人迁往别处。

此时，叶坤也眉头紧锁：能迁往何处呢？家中没有钱粮，孩子年幼，老人体弱多病，哪里经得起跋涉之苦？他权衡再三，索性咬咬牙说："我们哪里也不去，就留在此处吧。"他这样一想，就带着家人们开始清理洪灾留下的淤泥。

叶坤勤勤恳恳地开垦土地，在那些原本荒芜的土地上播下种子，又到处寻找树苗栽种在荒山上。春种秋收，从来没有丝毫的懈怠。偶尔稍有空闲，叶坤就管教子女，教育他们保持善良的美德，要努力把生活过得更好。虽然他没读过书，但却善于观察和思考，认为"耕读传家"才能使一个家族兴旺发达，就常常把这样的想法告诉子女。

几十年过去了，在叶坤一家的努力之下，周围的荒地慢慢变成良田。有了树木加固土壤，气候也慢慢得到改善。到了叶坤的孙子叶克诚这一代，叶氏逐渐发达，不仅不再缺衣少食，还成了周边小有名气的大户，人们把叶家称作"白下里叶"。

有一年，这一带又发生了旱灾，叶克诚谨记祖辈和父辈的教诲，把家中的谷物拿出来赈济父老乡亲，此举得到官府和乡邻的高度赞扬。不久，他被推举为乡贤，还被提拔担任"婺州路判官"一职，成为远近闻名的显赫人物。

叶克诚认为叶家"耕可致富"已经实现了，但"读可荣身"还比较遥远。他很重视子女的教育，在白下里外三四公里处修建了重乐书院，邀请当时著名的理学大师金仁山先生来主持讲学。

叶克诚希望叶氏能兴旺发达，子子孙孙能安居乐业，就请金仁山先生帮忙选择新的村址，并根据金仁山的建议，把新的村落安置在道峰山的正南方，玉华山的正东方，这个设计使得新的叶村从日出到日落都在阳光的照耀下。金仁山还告诉叶克诚："此后，这里必将是千年无难，千丁出入。"叶克诚大喜，子孙平安，人丁兴旺，这不正是他的期望吗！

叶村迁往此处后，人们称之为"玉华叶氏"，玉华叶氏逐渐成为当地的名门望族。

叶克诚作为叶氏的三世祖，为叶村的建设立下了卓越的功勋。

到了叶氏的十世祖叶天祥这一代，叶村更有了新的变化。叶天祥，号友松翁，是一位人品高尚、学养深厚的乡村知识分子。他无意于仕途，但很重视后辈的教育，也很注意叶村的文化建设。

叶天祥总共管理全族事务十二年，对家族事务尽心尽力，深得叶氏村民的敬重。此时，距离叶克诚率众迁移到新址已经过去三百年光阴了，叶村也已经成为一个很大的村落。在历代叶村人的努力下，周围贫瘠的土地变得肥沃，人口比以前增加了好几倍。此时，叶村的房屋、道路、水渠都急需维修和扩建。

但叶天祥并没有贸然动工，而是多次与子侄辈们商议，希望众人一起思考：怎样才能在原来的基础上把村子建设得更好？为了叶氏一脉的发展，他对各方面事务都非常谨慎。

经过一番维修和扩建，叶村很快呈现出欣欣向荣的景象。村里的各家各户也在欢喜庆祝中，都一致称赞族长办了大好事。

然而，叶天祥并未满足于此。他在村里转悠，看到各条街巷焕然一新，四通八达，可以通往各家各户；清澈的水流缓缓通过水渠流向村外，既解决了饮水的事，又解决了灌溉问题。他在高兴之余，却又总觉得村里还缺了点什么。

他把目光投向通往村外的小路的尽头，再次想起了"耕读传家"的祖训。叶村已经丰衣足食，可是什么时候才能文运昌盛呢？请了那么多先生来教叶氏后人，怎么这么多年来，却没有一个人能金榜题名来光宗耀祖？他找来会堪舆的李先生，希望他能解决自己的疑惑。

李先生到处勘察，最后告诉他："可于巽位修一座塔，要高于别山。"巽位就在村口，刚好有一大片空地。叶天祥暗想：修塔不难，难的是要高出周围山峰。不过，为了家族的兴旺，再大的困难也必须想办法克服。

一切都准备好了，明隆庆元年（1567），叶天祥选择吉日良辰动工修塔。在叶天祥的影响下，叶氏家族也把修塔当作这一年的头等大事，青壮年男子都来协助工匠们。

然而，这座塔修了不到一半，就被迫搁浅了。

还是最初的问题，修塔容易，但要高出周围的山峰，这个不容易啊！眼看着这座塔一天天往上升高，工匠们搭好的脚手架，却难以跟上了。还能再往上吗？可谁敢爬那么高呢？

有人觉得，就这样的高度，也已经很不错了。叶天祥却不同意，他觉得如果不能修出高塔，达不到目的，那还修它做什么？他和叶村人以及工匠们苦苦思索几日，也没想出良策。叶天祥只好遣散了工匠，等想好了办法再说。

叶天祥愁眉苦脸地望着村口的塔，脚手架上已经慢慢地布上厚厚的灰尘，他心里着急却又无计可施。

明万历元年（1573）春日的某一天，阳光和煦，阵阵微风拂过小院。叶天祥正在窗前品尝新茶，忽然有家丁来报，说是侄辈叶一清求见。叶一清在外求学多年，就读于王阳明的门下，最近才回到叶村。叶天祥向来对求学上进的年轻人颇有好感，见叶一清恭敬地立于庭外，

拎云塔

衣冠楚楚，风采俊朗，忙把他引进屋里。

两人虽然不是至亲的叔侄，但经过一番亲切交谈后，叶天祥已经十分喜欢这个年轻人。叶一清讲了很多在外的见闻，并大胆地讲出了自己对建设叶村的看法，叶天祥连连称好。后来，叶天祥问道："依你之见，我们应该怎样处理村口的塔呢？"叶一清胸有成竹地说："当然应该继续修。"叶天祥问："贤侄是我的知音啊，只是该怎样继续修呢？"

叶一清饮下一口茶水，沉吟了半晌，徐徐说道："可在塔周围堆土，层层往上，塔有多高，土就堆多高。"叶天祥一听，觉得这个办法倒是新鲜，只是得要多少泥土？况且这土堆不是把塔给遮住了？

叶一清仿佛看出了他的心思，接着笑道："从周围的山丘上挖土，修完塔以后，再把土堆搬走，可放回原来的地方，也可以放到更合适的位置。"叶天祥恍然大悟，不禁哈哈大笑道："太妙了，贤侄这个主意太妙了！就按照这个来办！"

于是，叶村开始重新造塔。叶一清便协助叶天祥，选择工匠，选择材料，又安排叶村男子挖土运土。全村人都参与进来，工地上人来人往，一片繁忙景象。叶一清头脑灵活，思路清晰，站在高处指挥着。村民们十分佩服他，有个妇女还指着叶一清告诉自己的孩子："要好好念书，像一清叔叔一样，有学问的人多好啊！"还有的老人趁着叶一清不太忙的时候，赶紧询问在外求学的情况如何，还谋划着怎样才能把自己子孙也送出去求学。

明万历二年（1574），高高的巽塔就建成了，不过，它看上去就像一个大土丘里露出了一个枣核状的尖顶。叶天祥和叶一清看着这个塔刹，一致认为，应该在塔的六角上，各用铁索悬挂一只铜铃，更显得气派。工匠们于是着手准备铁索和铜铃，把它们挂在塔顶。接下来，叶一清又安排村民们一起把塔周围的泥土挖走运走。在大家的努力下，土堆越来越低，秀丽的巽塔也慢慢露出了尊容，雪白的外墙，精致的铜铃，除了塔檐和小窗，塔身并无任何装饰，但它显得端庄典雅，卓尔不群地立在村口，其高度竟然真的把周围的小山都比下去了。

大家纷纷问叶一清："这个塔就叫巽塔吗？"叶一清笑道："这是一座修建在巽位的文峰塔，可助我叶村文运亨通，不过，起名的事情应该请族长来定。"大家便望着叶天祥，等他发话。此前，叶天祥早就思考过塔名，也私下问过叶一清，叶一清只说自己不懂起名的事情，建议族长看看庄子的《逍遥游》。

此刻，在村民们的期盼下，叶天祥微微笑道："一清说得对，修建这座塔就是要振兴我叶村的文运，希望子孙们发奋学习，做有志向的读书人，有朝一日蟾宫折桂，光宗耀祖。就像《庄子》里说的那样，'抟扶摇而上者九万里'，做那借助风力飞到九万里高空的大鹏，此塔就叫'抟云塔'吧！"众人听了齐声叫好。

如今，抟云塔依然屹立在新叶村村口，作为古村落的标志性建筑，吸引了无数游人。它所寄托的耕读传家的美好愿望，作为一种历史文化传承，也必将在叶氏族人，甚至是所有中国人的心中延续下去。

参考文献

1.陈志华等:《新叶村》,河北教育出版社,2003年。

2.严州文化丛书编委会编:《古代建筑》,天津古籍出版社,2011年。

官堰山上筑宝塔，
於潜自此发科甲

史迹链接： 祈祥塔位于杭州市临安区於潜镇官堰山顶，建于明崇祯六年（1633），于1993年重修。为八面七层楼阁式砖塔，高25.68米。塔基由条石砌筑，边长1.8米，四面设券门，门高2米，宽0.66米，四个正面设拱券门，另四面开拱形壁龛。拱券和壁龛都上下错位开设，有利于塔身整体的牢固。塔檐采用菱牙叠涩的方法出檐，每层檐下隐作平板枋、额枋，下饰回字纹样。翼角瓦作成火焰状，高高翘起，是该地区受到徽派建筑影响出现的风格。檐上覆瓦垅，勾头饰铜钱纹。塔内中空，无板无级无层次，塔顶为三重相轮式石质塔刹。整座塔收分不明显。1988年12月31日，杭州市临安县人民政府公布祈祥塔为县级文物保护单位。

烟雨塔影 **HANG ZHOU**

盛夏的晌午，阳光正穿透树枝的缝隙，在地面洒下斑驳的树影，蝉鸣声声，愈发显得山林十分寂静。沈在宥站在一棵古松下的阴凉处，凝视着寂照寺的墙壁，心里一遍又一遍地读着墙壁上那首十分浅显易懂的诗：

於潜何不发科甲？官堰山头少宝塔。
宝塔何年造得成？只待耳东马角生。

这诗的意思倒也简单，问於潜什么时候才能有考中进士的人？回答说要等到什么时候在官堰山修了宝塔。可是，当真如此吗？沈在宥琢磨着，久久不肯离开。

这首诗没有标题，甚至没有署名，也不知是何年何月留下的，但这也正好显出它的神秘来，每每看到它，於潜人都会暗暗在心里叹口气。於潜紧靠天目山，到处可见重峦叠嶂的秀丽景色，盛夏时节更是一块清净幽雅的宝地，怎么就偏偏好多年没人考中进士呢？这是墙上的一首诗歌，可更像於潜人心里的一道疤痕。

沈在宥是明崇祯七年（1634）的新科进士，到於潜县担任教谕已经有一年多了。教谕这个官职主管文庙祭祀，也要负责教诲生员，公务不多，但沈在宥却没闲过，他一心希望能振兴於潜。当然，这首要的任务就是要让於潜的文化事业繁荣，要让生员们金榜题名啊！

沈在宥常常在县学里巡视，每当看到那群读书人埋头苦读，便会露出欣慰的微笑；若是有人闲逛，他便瞪

祈祥塔

大眼睛一顿训斥，直把那人骂得口服心服、立誓要发愤读书之后，沈在宥才会让他离开。沈在宥还把自己考中进士的经验不断分享给他们，怎么读书，怎么做文章，简直恨不能把肚子里的学问一股脑儿倒给他们。可是，也没见到他们的学问有所长进，那下一次科考的时候，他们真能为於潜增光吗？

莫非真的需要造塔？

前些日子，有人告诉沈在宥："天目山灵秀之气，应在於潜最为深厚，但是於潜南边的山势低矮，其势掩伏不振，缺失回荡之势。"沈在宥耐心地听他慢悠悠地讲着，却并不相信，只斜眼问道："依你之见，应该如何？"那人神秘地笑道："应当在官堰山上造一座高塔。不信，您可以去寂照寺看看，那里早就泄露了天机。"就这样，沈在宥专门来看这首诗了。

从寂照寺出来，沈在宥已经暗下决心，无论修塔能不能增加"回荡之势"，这塔是必须修的了，不然，他们不好好读书，还把责任推到没有修塔上，这不就是强词夺理了吗？

只是，这修塔是要有银子才能办到的，这银子从哪里来？县衙是不可能给这个钱的，上回大雨冲坏了县学的一道大门，找知县出钱，知县还跟自己倒了一大堆苦水，这修塔，得花掉多少道大门的钱？能要得来吗？况且，这么多年了，知县也没修塔，怎么可能因为自己有要求就爽快拨款呢？还是自己想办法吧！

沈在宥叹了一口气，心事重重地继续往前走。走到十字路口的时候，他似乎听到有人在喊"沈大人留步"，但他只是怔怔地往前走，似乎没有听到一般。那人却从侧面小跑过来，站在他的前面，朝他作揖问候。沈在宥如梦初醒，原来是歙县人冯塘。他便微笑着拱拱手道："冯老板好。"冯塘热情地邀请沈在宥去自家店里坐坐，说是从家乡带来了上好的茶叶，一定要请沈大人来品一品。沈在宥犹豫了片刻，终于拗不过他，跟着去了冯塘的茶楼。

去年沈在宥刚来这里时，常去冯老板的茶楼小坐。冯老板生性豪爽，喜欢结交朋友，得知沈在宥是县学的教谕，学识渊博，更是钦佩不已。因两人年纪相仿，又都是外地人，很快就成了朋友。冯老板还介绍自己的同乡程文范与沈在宥相识，三人都有空的时候就会一起喝茶聊天。

那日，刚好遇到有几个小混混来茶馆闹事，他们非要冯老板"孝敬"银子。沈大人一拍案桌，给他们一顿呵斥，小混混们被骂得狗血淋头，瞬间没了言语，再听旁人说起沈大人的来头，他们更不敢放肆，便灰溜溜地跑了。从此，他们再也没敢在附近出现过。

冯老板为此事非常感激沈大人，一直说要好好报答他。自然，沈大人不需要他的报答，两人还像朋友一般来往。

一进茶楼，冯老板便请沈在宥坐下，亲自端来茶盏后，又捧来两包茶叶，说是请沈大人带回去喝。沈在宥推辞不掉，只好收下一包，坚持说把另一包茶叶送给程老板。

冯老板关切地问道："沈大人从哪里来，为何面色凝重，有什么不愉快的事情吗？"沈在宥便把在寂照寺里看到的诗告诉了冯老板，接着还问道："你来说说，这官堰山上要不要造塔？这要是造塔又从哪里找得到银子？"冯塘笑道："这个说法我以前也听说过。不过，我倒觉得造塔的事不难，本县有那么多大户人家，谁不愿意自家子孙光宗耀祖呢？他们都可以来筹钱啊！"

沈在宥一听此话便豁然开朗，心想果然生意人头脑更灵活，思想更开明，这问题不是解决了嘛！便不禁微笑道："对，你说得对，可以筹款建塔，我先把一年的俸禄捐出来，若是能利于科考，也算是利国利民，把银子用到刀刃上了。"冯塘拱手道："沈大人为於潜的教育尽心尽力，实在令在下景仰啊！大人来筹款，我第一个支持，我先捐三百两银子。"

这可不是小数目了啊，沈在宥十分感动，忙起身向冯塘作揖道："感谢冯老板的鼎力相助。"冯塘赶紧握

於潜镇北部双溪口鸟瞰图

住沈在宥的双手道："我把此事告诉程兄，他肯定也会全力支持的。"

沈在宥回到县学里，便立刻筹划此事，他先草拟了一个告示，打算把修塔的事公之于众，告示中说要在官堰山上修塔，祈求於潜科甲兴旺。又说自己捐一年俸禄，冯老板捐三百两银子，并提出愿意出钱出力的都可以毛遂自荐，同时还需要两位德高望重的人来监督建塔。

告示张贴出去后，於潜的街巷里，到处都可以听到人们在谈论此事。谁家没有一颗望子成龙之心啊，要是哪家有一个当官的人，同宗族的人都会脸上有光彩呢。

此后半个月里，百姓们纷纷到县学去捐款、捐物，无论是捐五十两银子的富人，还是捐几钱银子的平民，沈在宥都对他们致以谢意。人们对建塔的事非常热心，还一致推荐出两位德高望重的乡贤——张恒岳和谢泰来，请两人监督造塔。而冯塘的那位同乡程文范，也没有辜负他的信任，告示一贴出来，便自己去县学捐了两百两银子。

明崇祯六年（1633），官堰山上多了一座秀丽的宝塔。沈在宥认为这是一座祈求祥瑞之气的宝塔，故而将其起名为"祈祥塔"，於潜人也称之为"文风塔"。

参考文献

1.临安市地名志编纂委员会编:《临安市地名志》,方志出版社,2012年。

2.马时雍主编:《杭州的古建筑》,杭州出版社,2004年。

雁塔巍巍列凤城，
巽峰奕奕兆群英

史迹链接： 雁塔又名凤山塔、叶村塔，位于杭州市淳安县中洲镇叶村，始建年代不详，从外形看有明代风水塔的特征，塔六面七层，高二十余米，中空，菱角牙子叠涩出檐，塔身素面，每层间开拱窗。塔外墙用特制塔砖对缝叠砌，塔内部可见层与层之间砌出凹槽，但塔内楼板尽失，已无法登临。

《雁塔凌云》诗有云：

雁塔巍巍列凤城，巽峰奕奕兆群英。
士林素具凌霄志，预卜名题与有荣。

这首诗描写的是文人雅士登临叶村雁塔的情景，由此可见，他们渴望科举场上蟾宫折桂后"雁塔题名"的梦想多么强烈。

"雁塔题名"的典故由来已久，唐代自神龙年间以后，新科进士在朝廷赐宴后，会结伴前往长安的慈恩寺塔下题写自己的名字。慈恩寺修建于唐贞观二十二年（648），相传是太子李治为其母文德皇后追荐冥福而主持修建的。

据《大慈恩寺三藏法师传》载，古印度摩揭陀国曾有众僧掩埋坠雁并为之修建灵塔的事，人们就称慈恩寺里的塔为雁塔，因与后来规模较小的小雁塔区别，这里的雁塔又被称作大雁塔。题名的进士多了，慈恩寺里的僧人甚至在大雁塔旁边增加了白壁的长廊供进士们挥毫题名。

其中，最有名的当属白居易在大雁塔题的诗句——"慈恩塔下题名处，十七人中最少年"，白居易考中进

叶村雁塔

士时只有二十九岁，在同榜十七个人中年龄最小。这次题名让他赢得了读书人的羡慕和敬仰，也使得大雁塔名闻天下。

后来，"雁塔题名"逐渐成了一种风尚，相继传到全国各地，历朝都有读书人效仿。十年寒窗苦读，哪个学子都会期盼着有朝一日能去长安的大雁塔下题上自己的名字。渐渐地，"雁塔题名"就成了古代科举制度中进士及第的代称。

那么，叶村的雁塔是否因此而得名呢？

或许，我们可以想象，某个晴朗的春日，叶村的某个读书人（姑且称他为叶某），已经苦读多年，且已经在秋闱中考取举人。这天，他正收拾行李，要从家乡出发，去参加京城的春闱考试。

初春的暖阳照在田野里，到处绿茵茵一片，叶举人骑着马行走在小路上，心情十分愉快。

春风拂过，他想起唐代诗人孟郊的名句"春风得意马蹄疾，一日看尽长安花"，一番吟诵后，他仿佛看见几个月后的自己，在发榜的那天，兴高采烈，威风凛凛，也像孟郊一样骑在高头大马上，把京城的风景看了一遍。此时的都城一定比唐时的长安还热闹。对了，唐朝的进士们会去慈恩寺外的大雁塔下题名，自己也可以仿效一番，也应该去那里彰显一下自己的才华。

他举目四望，不远处，陈家坞山上的白塔映入眼帘。叶举人的心里就那么动了一下，多年来闭门苦读，竟然没有好好地瞻仰家乡这座恢宏的白塔！它静静地矗立在小山岗上，在周围寺院的衬托下，显得那么耀眼。白塔是什么时候立在那里的呢？叶举人不知道，但他听祖上说，先前有个安徽的僧人，在这里修了寺庙，香火旺盛，周围百姓供奉较多。僧人攒下钱财，并到处募资，又在寺庙里建了这座塔。

他小时候还常去这塔周围玩耍，然而，自从求取功名以来，几乎没有闲暇，别说去玩，甚至没工夫正眼看它。

不知不觉中，叶举人已经策马上了山岗。来到寺庙外，他将马拴在庙门口，缓缓进了寺院。庙里的住持迎上来，只看见叶举人眼里的灼灼光芒，便双手合十道："阿弥陀佛，施主可是来求签的？"叶举人摇摇头，向住持还礼，去佛前进香、磕头。他和住持攀谈起来。

住持得知他是举人，不久后还可能是进士，对他十分恭敬，便客气地请他在塔上题字。叶举人推辞了一番，但住持很真诚地邀请他，叶举人便觉得"恭敬不如从命"了。他在禅房里取了笔墨，在那塔壁上洋洋洒洒地挥毫写道：

> 仿佛慈恩古寺边，浮图突兀远连天。
> 诸君各展冲霄志，淡墨题名在眼前。

一边写，住持一边念，写完，叶举人自己又念了一遍，甚感满意，便题下名字。住持拈须微笑："好诗，好字！此塔建成以来，还无名字，今日有缘，尚可由此得名。"叶举人便问："长老打算以什么为名呢？"住持说："施主的字矫若惊龙，这是好兆头啊，施主今日题字就是古人说的雁塔题名，这座宝塔就叫'叶村雁塔'吧，施主此去定会金榜题名。"

这个故事是笔者根据各种典故妄加推测而成的，各位看官不必当真。关于雁塔的来历，正史与野史都没有说清，民间的揣测很多，笔者的故事只是千万个揣测中的一个吧。

参考文献

淳安县地名委员会：《淳安县地名志》，1984 年。

粮官修建培风塔，
文风昌盛赋溪村

史迹链接：培风塔位于杭州市淳安县赋溪村，
为楼阁式七层六面的砖木结构宝塔，每层皆有飞檐
翘角、斗拱窗户。培风塔始建于明崇祯元年（1628），
到明崇祯五年（1632）竣工，由方尚恂主持修建。
1959年，为建设新安江水电站水库，淳安县的三个
乡镇淹没于千岛湖的碧波之下，培风塔也在其中。

1959年秋天，浙江省考古队一行人来到淳安县赋溪
村。当时，新安江水电站水库即将建成蓄水，移民工作
正在有序开展，为了保障将来水库能安全通航，考古队
此行的目的是考察和拆除培风塔。

这天一大早，他们来到培风塔下，见它巍峨壮观，
塔顶还长有一棵枣树，霞光映照下，培风塔上笼罩了一
层淡淡的粉色。有一位队员念起了《乾隆淳安县志》里
所载的王蛟诗："培成卦位山趋艮，护作金堤水自东。
绝顶喜攒云外树，苍烟回罩夕阳红。"虽说此刻看到的
是朝阳不是夕阳，但这美景和诗中所写的情景也没有多
大的差别。考古队员不禁感慨万千：这培风塔激发过多
少文人雅士的灵感啊！他们还听说当地流传着一句话：

塔对塔，尖对尖；

有人得的着，
银子十万零八千。

考古队员们琢磨着这话："塔对塔"是指两处塔吗？
除了"培风塔"，附近难道还有什么塔？

他们走访赋溪村了解情况。一位年老的村民告诉考
古队，从小就听祖辈们讲起过，这一带藏有宝贝，但具
体藏在什么地方，谁也说不清楚，或许在培风塔内，或
许在培风塔周围。村民还告诉考古队，附近没有别的塔，
但有一座小小的茅草山叫塌山，坐落在培风塔的西面。

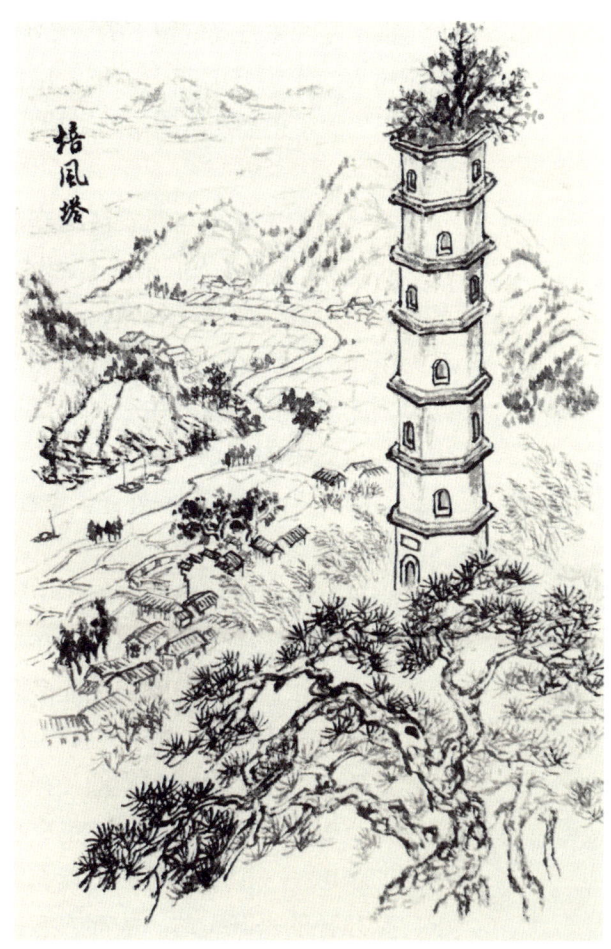

依据史料手绘
的培风塔

此时，初升的太阳照在培风塔上，将塔的影子拉得长长的，塔顶的影子刚好落在塌山的顶上，有两位队员瞬间领悟："塔对塔，尖对尖"莫不是指的这个？

当天夜里，月光皎洁，考古队员发现，月光再次将塔的影子投射在塌山的顶上，与清晨阳光所投射的影子完全一致。大家惊喜不已。

第二天一早，大家迫不及待地来到塌山顶上开挖，果然挖出一所衣冠墓来，墓中还有一个陶缸，缸里藏有许多银子。消息一传出，周围的乡村都轰动了。

银子是明末方尚恂留下的。方尚恂，字威侯，号蓁阿，赋溪村人，于明万历四十一年（1613）考中进士。这个培风塔的故事也要从万历年间说起。

赋溪村位于赋溪与新安江的交汇处，三面环山，唯有东北方向空缺，老人们常说不吉利，却也不知该怎么办。有人说可以修一座塔来补救，于是，从明朝嘉靖年间到万历年间，父老乡亲便多次商议，想在东北方修一座塔。此事引起周围很多人的关注，以至于当时的县令吴天洪也参与过此事的策划。然而，每次人们察看地形，议论纷纷，却一直没有找到一处让大家都满意的地方。

原来，这赋溪村里数方姓和王姓村民最多，两个大姓家族一直在暗中比拼，都希望在教育方面尽可能地多一些投资，让自己家族的子孙能多多考中功名、光宗耀祖，为家族锦上添花，好在气势上压倒对方。在这场漫长的竞争中，两个大姓家族的儿孙们倒也争气，陆续出了好几个进士。因此，方家、王家都希望建塔，但都有相同的顾虑——担心建塔的位置有利于对方家，却不利于自家儿孙的兴旺发达。故而，意见很难统一，建塔的事被一拖再拖。

明万历四十六年（1618），方尚恂到贵州任乡试的主考官，后来又担任福建建宁府知府。他为官清正廉洁，办事讲求效率，深得上司和百姓的信赖。明天启三年（1623），方尚恂担任湖广按察使副使，一年以后，贵州巡抚王三善在镇压水西的苗民起义中，被假降的陈其愚设埋伏抓获，王三善刎颈自杀，因湖南湘西与贵州水西相邻，朝廷就命令方尚恂统领镇守。方尚恂不敢怠慢，很快就派人筹集到粮饷，然后又亲自护送二十万粮饷到贵州军营里。然而，皇帝却没有奖赏方尚恂，反而听信谗言，将他降职为河南卫辉府同知。方尚恂去那里任职不到一年，便辞官还乡了。

方尚恂自考中进士起，在外做官十余年，这次回到故乡，便惦记着如何为父老乡亲做一点实事。淳安山清水秀，一到闲暇之时，方尚恂便徜徉其间，有时候跟文人雅士吟诗唱和，有时候跟樵夫渔人相谈甚欢，他觉得比官场的生活自由、惬意，心中也甚为满意。一日，他忽然想起年少时候常听父辈谈及赋溪村建塔的事，便又暗暗有了一些想法，跟人闲谈的时候也有意无意地提及此事，顺便了解到很多好的建议。

明崇祯元年（1628），方尚恂筹备了足够的银子，便放下其他俗事，一心要建造宝塔。

方尚恂从安徽歙县请来三位汪姓工匠，安排他们住在自己家里，跟他们详细讲述了建塔的一些想法。连续几日，工匠们很细致地察看地形，然后准备开辟塔基，地点就在方尚恂自家的稻田里。然而，天公不作美，工匠们刚开始挖地基，天气便晴转阴，第二天又下起了小雨，而那个闲置的稻田原本没有水，工匠们一开挖，却有地下水不断进出来。王氏家族的人原本就怀疑方尚恂只考虑自家，便开始说闲话了，故意说此地只适宜打井，不适宜建塔，不如换个地方。方尚恂十分尴尬，但他笑道："水源好就是财源广的象征，后人不只是能做官，还能发大财。"

工匠们于是冒雨再挖，连续几天，费了很多工夫，挖到一丈六尺深，才终于露出了硬的地基来。众人又开始挖渠，把水引出去。工匠们私下说很少遇到这样的情况，建议方尚恂延期再挖，加之阴雨绵绵，方尚恂自己也暗暗怀疑，难道自己的一番苦心竟然得不到上天成全吗？他索性遣散工匠们，建塔之事搁浅。

三年的时光如同白驹过隙。每当人们经过东北的村口，就会看到那个挖好的地基，大家便会摇头叹息，当年要是没那些爱说闲话的人，这塔怕是早就修好了，可惜！

方尚恂却很少出门。他每天把自己关在书房里，研习天文、历法、算术等书籍，渐渐地想明白了一些事情。他觉得上次修塔不成，要怪自己急于求成。任何事情要做成功，莫过于顺应人心，修塔也与此类似。一边读书，

千岛湖水下古城

一边思索，他的脸上渐渐露出了不易察觉的微笑。他问自己：还修塔吗？当然是还要修的。

方尚恂备好马车，亲自去了安徽歙县，找到当年的工匠，讲明来意，工匠们被他的诚心打动，都答应了要回来继续修塔。他知道方氏、王氏两个大姓家族最关注此事，便把这两个家族的几位青壮年男子请来帮忙修塔。

这次开工之时，连续几日都是晴天，村里人都说这是好兆头，都来关注修塔的进程。大家围着塔基，说了很多感激之词，这让方尚恂十分高兴，工匠们听了也特别卖力。

不久，王氏家族的族长来见方尚恂，希望他能收下王氏筹集的一大笔银子。原来，王氏家族见方尚恂诚心建塔，深受感动，认为应该与他齐心协力来做好这件事。经过商议，他们认为，除了青壮年男子来出力之外，还应该共同出钱。方尚恂很感动，便与他们商量好，自己出一半，王氏共同出一半。大家认为，这座宝塔建成之后，会为两个大家族乃至整个赋溪村带来好的运气，文风会更昌盛。

明崇祯五年（1632）九月，宝塔竣工，从开辟塔基之日算起，已经历时四年。赋溪村村民都来庆贺，询问宝塔的名字。方尚恂告诉大家，《庄子·逍遥游》中有"风之积也不厚，则其负大翼也无力。故九万里，则风斯在下矣，而后乃今培风"的说法，宝塔起名为培风塔就是最好的，大吉大利。

赋溪村人欢喜庆贺，都把塔唤作"培风塔"。

明崇祯八年（1635），方尚恂觉得塔顶不够美观，又请人来重新修葺一番，直到培风塔焕发出崭新的容颜。

两年以后，贵州水西苗民起义最终被朝廷镇压。方尚恂曾经亲自护送军饷到军营，朝廷给他发放特别的赏赐。赋溪村村民不怎么明白事情的缘由，但都一致认为，这是方尚恂修培风塔所得的回报。

1959 年，培风塔仿佛一位饱经风霜的老人，在历经 300 多年的风雨之后，也完成了它的历史使命，在修建新安江水库的时候，淹没于千岛湖万顷碧波之中。

参考文献

〔清〕朱彝尊：《明诗综》，《四库全书》本。

烟
雨
塔
影

H A N G

Z H O U

贤明造化钟灵秀,
新安重建联魁塔

　　史迹链接: 联魁塔位于杭州市富阳区新登镇的贤明山上,又名贤明塔、联奎塔,始建于明万历四十六年(1618),塔身全部为方块石结构,六面九层,六边线条流畅,均向顶点中心互相支撑,在外表没有木结构材料可见。底层每面宽 2.63 米,东西两面各有一门。第二层至第九层,每层对开两窗;每塔层间隔,都有约 0.67 米宽的屋檐状石板伸出塔体,以避挡雨水直接从窗内进入塔内。塔的菱角为屋檐状边角,每只边角都装饰成菱角上耸状。塔顶作双覆盆,上加塔刹作四相轮葫芦顶。全塔统高 23 米,基础坚实,外观宏伟,是古塔建筑中石塔营造法式的代表作。2007 年,浙江省文物局专业维修队完成对塔体修缮和塔基加固等工程。此塔现为浙江省省级文物保护单位。

　　联魁塔自修建起,距今已经四百余年了。经历了无数风霜雨雪的洗礼,又经历了兵燹之灾,如今它还能巍然屹立,实属不易。联魁塔不只是贤明山的标志性建筑,还是新登人心中的精神坐标。

　　据当地老百姓讲述,1965 年前后,有人叫嚷着"破四旧",抱着炸药包来到联魁塔下,正在琢磨怎样才能迅速炸塔,贤明山脚下的农户们已经闻讯赶来了。农户们原本正在做农活，这一跑上山来，都没来得及放下手中的锄头。

农户们把那人团团围在中间，一个农户质问道："你要炸塔我们没意见，但是你先说说，这塔全是石头，要是石头飞出去砸到人或者砸到我们的房子，你怎么赔？"另一个农户接着说："我们都是贫下中农，我们怀疑你是来搞破坏的！"

联魁塔

那人原以为没人管这古塔，一看一下子来了这么多人，个个身强力壮，能说会道，要打架不是他们的对手，要说话也根本答不上他们的问题，眼见他们还有农具在手，只好一言不发就悻悻地离开了。

从那以后，再也没有人敢口吐狂言，说"炸塔""毁塔"之类的话了。农户们就这样机智巧妙地保住了联魁塔。

此事也足以见得，联魁塔在当地的重要性。

新登历史悠久，置县已有近一千八百年。此处地灵人杰，早在隋唐时期，就走出过很多历史文化名人。许敬宗、许远、施肩吾、罗隐等武将文臣，都是这里的人，都在历史中闪着熠熠的光辉。彼时，这里还叫"新城县"，虽处在僻静山间，地贫物薄，却历来就有崇学重教的风气，联魁塔就是因人们重视教育而修建的。

这里很早就有官办县学，每天清晨书声琅琅，学子们你追我赶，勤学好问之气蔚然成风。两宋时期，这里经常有学子考中进士，一到发榜之后，全县上下都会欢喜庆贺。

然而，到了明朝初年，情况发生了巨大变化，甚至二十年也难得考中一名进士。官员和百姓都为此忧心忡忡，苦苦思索科考失败的原因。一番思索和寻找之后，大家认为最好的办法是修建宝塔。于是，卓笔山上的笔锋塔和贤明山上的联奎塔便在这段时期里应运而生。

如今，笔锋塔已毁，而联奎塔经历代多次修建，仍矗立于贤明山上。

联奎塔寄托了当时人们对于文运兴旺的期待，从塔名上即可看出。在二十四星宿里，"奎星"，俗称"魁星"，指北斗七星的前四星，即天枢、天璇、天玑、天权四星的合称。从宋代起，"奎星"就成了封建社会读书人最崇信的神，他们认为它能主宰文运。

不论这个说法是否能让这里人才辈出，精神鼓舞的力量是无穷的。试想，贤明山下，肯定有过一位母亲忠告求学的孩子："好好念书，贤明山上的塔可保佑我儿考中功名。"年幼的孩子眺望着那神秘的高塔，懵懂地种下一个心愿："好好念书，考中功名。"

那时，可能也会有一位私塾先生拈须而笑："尔等要勤学苦读，吾乡贤明山上的塔会给勤学之人带来好运。"学子们的心里都掠过了高塔巍然的影子，少不了对金榜题名心生一番向往之情。从这个意义上讲，联奎塔实在功不可没。慢慢地，此地百姓都把这座塔称作"贤明塔"，原本的名字"联奎塔"却被人遗忘了。

到了清嘉庆二十五年（1820），新城县来了一位新的知县，名叫武新安。新城的历任知县都重视教育，武知县也不甘落后。每月初一、十五，他会召集县里的诸生讲学论文。清道光元年（1821），武知县发起捐款，创建了规模宏大的会文馆，兼有书院和义塾的性质，这座会文馆是当时富阳、新城①两县规模最大的官办义学。当地的士绅、文人都对此举交口称赞，武知县也颇为自豪。

清道光二年（1822）春天的某个晌午，天气晴朗，武知县带了一干文人登上贤明山。一路上春风和煦，景色宜人，武知县兴致很好，命众位文人现场写同题诗，一路上吟诵酬唱，好不热闹。

武知县本意是想登上贤明塔，饱览全城春光的，但

① 新登县在明清时期称新城县。

238

他们来到塔下，却纷纷摇头叹息。此时的贤明塔历经两百年风雨，已经破败不堪，别说登塔，就是站在塔下，也会担忧畏惧这塔会不会垮塌了？武知县皱着眉头叹息道："早就听说过这贤明塔，如今怎么颓圮成这般模样了？"众文人也都纷纷喟叹："可惜啊，可惜！"武知县并不想马上离开，绕塔走了一圈后，在塔下凝神静思。有人见他如此关注此塔，不禁建议道："老爷可以主持维修此塔啊！"武知县眉头舒展，会心一笑："本官正有此意。"

　　回到县衙，武知县便把想要维修贤明塔的意图告知众人，让大家谈谈自己的看法。有人说："一座塔就像一支大笔，能横扫千军，那么笔锋就应该锐利，这贤明塔确实该维修了。"接着又有人附议道："要为国培育良才，就要先培钟灵毓秀的气象，武老爷此举是千秋大业啊！"武知县一一听完，心里却是一番哂笑：这些马屁精，哪有多少见识，就因为听本官说要维修，就全都来说好听的。不过，既然众人都说应该维修，那就着手准备吧。

　　武知县便命人召集工匠，准备材料，消息传出去，乡绅百姓都来支持。有人出了银子，有人派了家里的仆人，还有的干脆自己主动要求帮忙。很快，在这年六月就动工了。趁着天气还不热，全县百姓都纷纷来到贤明山上，密切关注修塔的事宜。武知县要求众人要保持贤明塔的原貌，只是加固、翻新，要将其修葺得完全和新塔一样。

　　维修的速度很快，几个月后，贤明塔焕然一新。百姓们再次来到贤明山上，兴高采烈地围着贤明塔看，对工匠们的效率赞叹不已。武知县很高兴，忽然从苔藓丛生的石堆里发现一块残破的石头，他捡起石头，依稀可见上面写着一个"联"字，料想应该还有别的字，便叫差役再翻看周围石块。终于，有人又找出一个"奎"字，武知县哈哈笑道："原来这贤明塔最初叫'联奎塔'，奎星经文纬武，前贤们修建此塔真乃意深且远，是要祝福此邦之人文蔚起，炳炳琅琅，联珠联袂，青云直上！这'联奎塔'，真是好名字啊！"

为首的工匠来请知县老爷登塔。武新安便在几位士绅的簇拥下，拾级而上，每一层都有对开的窗户，可见日出，也可见夕阳。时值夏日，周围的山丘上林木茂盛，苍翠欲滴，比在塔下所见的景致实在更开阔更美丽。

山风浩荡，武知县感到喜气洋洋：来此地两年时间，自己比历任知县更重视教育吧？那自己也算是身体力行、主张圣贤教诲的父母官了！他的得意之情便溢于言表。他低下头再看，只见不远处崭新的会文馆屋舍俨然，眼前便浮现出新城县的年轻书生刻苦攻读的场景，等到乡试省试后必然会有捷报频传，那时的县里会比此刻还要热闹数倍！想到这里，武知县笑道："这宝塔修葺一新，必然会促进我县学子勤奋读书，以后每到发榜之日，可以效仿'雁塔题名'，允许吾县的进士来此处'勒名青玉'！"说完，他便仰天大笑。众人也跟着大笑起来。于是，工匠们又赶紧在塔侧竖起一方青色的碑石，专用于考中功名者来此"勒名青玉"。

武知县告诉工匠："'联奎'是好名字，今日焕然一新，可直接用'联魁'二字，既是沿用，又是推陈出新，希望吾县有学子在乡试、会试中接连考取第一名。"工匠点头称是，其余士绅也纷纷称赞道："改得妙啊！"

武知县欣喜之余，当日便挥毫写下《重修贤明山联魁塔记》，在文中叙述了建塔修塔的始末，也表达了自己的心愿："而余也愿诸君通籍，后发雁塔故事，勒名青玉，俾顶礼者诵千佛名经，则浮屠为宝笈……"

武知县修塔的事一时传为佳话。

此后清朝走向衰亡，社会动荡不安，时有战争发生，但新登县的崇学重教之风从来都没有改变过。白云苍狗，时间的车轮转到 20 世纪，在新登的周氏家族，走出了周廷儒、周廷冲和黄翠芬三位院士，前两位是兄弟，周廷冲和黄翠芬是夫妻。我们不能不叹服，此处实在是人杰地灵，英杰辈出。

参考文献

1.富阳新登镇志编纂办公室编：《富阳新登镇志》，浙江人民出版社，1994 年。

2.浙江省富阳县地名委员会编：《浙江省富阳县地名志》，1982 年。

3.杭州市富阳区民政局、杭州市富阳区地名委员会办公室编：《杭州市富阳区地名志》，方志出版社，2017 年。

丛书编辑部

艾晓静　包可汗　安蓉泉　李方存　杨　流

杨海燕　肖华燕　吴云倩　何晓原　张美虎

陈　波　陈炯磊　尚佐文　周小忠　胡征宇

姜青青　钱登科　郭泰鸿　陶文杰　潘韶京

（按姓氏笔画排序）

特别鸣谢

仲向平　方龙龙　盛久远（系列专家组）

魏皓奔　赵一新　孙玉卿（综合专家组）

夏　烈　任茹文（文艺评论家审读组）

图片作者

于广明　马荣壮　任　渊　邬大江　刘浩源

孙奕蓉　周　宇　胡　鉴　蔺富仙

（按姓氏笔画排序）